大夏书系·教育新思考

沙培宁———— 著

情／与／思

一个媒体人的
教育言说

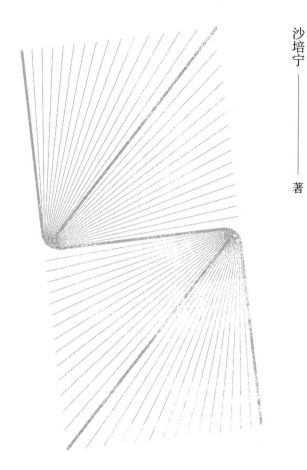

华东师范大学出版社
ECNUP
全国百佳图书出版单位

图书在版编目（CIP）数据

情与思：一个媒体人的教育言说/沙培宁著.—上海：华东师范大学出版社，
2020

ISBN 978-7-5760-0327-7

Ⅰ.①情... Ⅱ.①沙... Ⅲ.①中小学—学校管理—文集 Ⅳ.① G637-53

中国版本图书馆 CIP 数据核字（2020）第 058324 号

大夏书系·教育新思考

情与思：一个媒体人的教育言说

著　　者　沙培宁
策划编辑　李永梅
责任编辑　任媛媛
责任校对　殷艳红　杨　坤
封面设计　奇文云海·设计顾问

出版发行　华东师范大学出版社
社　　址　上海市中山北路 3663 号　邮编　200062
网　　址　www.ecnupress.com.cn
电　　话　021 - 60821666　行政传真　021 - 62572105
客服电话　021 - 62865537
邮购电话　021 - 62869887　地址　上海市中山北路 3663 号华东师范大学校内先锋路口
网　　店　http://hdsdcbs.tmall.com

印　刷　者　北京季蜂印刷有限公司
开　　本　700×1000　16 开
插　　页　1
印　　张　14.5
字　　数　192 千字
版　　次　2020 年 6 月第一版
印　　次　2020 年 9 月第二次
印　　数　6 101-9 100
书　　号　ISBN 978-7-5760-0327-7
定　　价　49.80 元

出　版　人　王　焰

（如发现本版图书有印订质量问题，请寄回本社市场部调换或电话 021-62865537 联系）

/目录/

/ 悟教育 /

/ 品良师 /

/ 读学校 /

序一 高度·深度·温度

教育理论家与一线教育工作者有时会相互指责。教育理论家指责一线工作者违背规律，一线工作者指责教育理论家脱离实际。其实，介于两者之间还有一个"中间界别"——媒体工作者，特别是教育刊物的编辑和记者。他们搭建起理论和实践沟通的桥梁，他们发出的声音常常成为教育事业健康发展的推动力量。

沙培宁同志就是这样一位优秀的教育媒体工作者、出色的编辑专家。她在 30 余年的职业生涯中形成了自己的编辑风格。这种风格既是时代的产物，又是她人生轨迹的体现。她的编辑实践彰显着鲜明的个性——高度、深度和温度。

一是高度。《中小学管理》是我国最早发行的面向中小学管理领域的刊物，它坚持党的教育方针和社会主义的办学方向。培宁同志担任领导以后，进一步传承和发扬了这一传统，在搭建百家争鸣平台的同时，始终坚持正确的导向，使刊物成为促进教育事业健康发展的正能量平台，体现了很高的战略定力。

二是深度。一本刊物的内容不同于一般的新闻报道，它既需要使读者产生共鸣，又需要给读者以启迪。培宁同志在《中小学管理》每期的主题确立、文章选编过程中，一贯注重对教育管理现象的深度挖掘、对教育管理问题的深度探究、对教育管理改革的深度剖析以及对教育管理创新的深度推介，体现了深厚的理论功底。

三是温度。《中小学管理》的每期封面都展现一位在基层工作中有突出业绩的中小学校长的形象，千万个中小学管理者既是作者，又是读者，他们是刊物真正的服务对象。离开了他们，刊物既是无源之水，又是无本之木。培宁同志有许多基础教育界的好朋友，这种情感上的共鸣溢于刊物的字里行间；她乐他们之乐，忧他们之忧，体现了温暖的同理之心。

我为《中小学管理》写过一百多篇"絮语"，谈的都是对教育的点滴感悟。这些文章都是经培宁同志编辑后刊登的，她纠正了许多偏差，弥补了许多疏漏，体现了一个好的编辑在展现刊物宗旨和完善作者意图过程中的卓越功能。

好的编辑一定同时是一个好的作者，培宁同志经常在这两种角色间转换。她为刊物写的卷首语提出了许多深刻见解，提升了主题的高度和境界；她对基层教育改革典型的生动描绘，展现了案例的特色与精彩；她为许多作者的著作，包括我的文集所写的评介文章，充满着热情的支持和期待。现在，这些文章得以编印成集，使我们有机会一览这位优秀的教育媒体工作者深邃的思想和横溢的文采。

我对本书的出版表示衷心的祝贺！

陶西平

2019 年 9 月 29 日

序二 用自己眼睛望出去的言说

　　高挑的身材，长发披肩，风度翩翩，气质高雅。这是沙培宁老师给我们所有人留下的印象，无论是熟悉的朋友，还是接触不久的校长、教师。

　　这里用得上一句颇有哲思的熟语：相由心生。的确，人的表情是人内心的确证，人的气质是由内而外的流露与表达。用美学之父鲍姆加登的话来说，美，审美首先是一种教养；用黑格尔《美学》中关于风格的论述来说，风格是种习惯；用怀特海的话来说，在风格之上有种诸神的力量，那是思想的力量。沙培宁，风格鲜明，很美。

　　我始终相信一句话：序，实质上是一种读后感。我读沙培宁的这本书，这样的体会特别深，感想也特别多。为沙培宁的大作写序，荣幸中有收获的感觉，也有进步的体悟。书中有一篇文章是《用孩子的眼睛望出去》，我盯着题目和文章好长时间，有种想象出现在眼前：沙培宁不是有双孩子的眼睛吗？清澈、明亮、真诚、锐利，她从这双眼睛望出去，是她的视域，由此带来她的视角、她的世界，因而有了对这个世界的言说；我们循着她的眼睛望出去，不也是形成了自己的视角，构造了自己的世界，与大世界相融合，也有了自己的言说，并以此来表达自己的想法与见解吗？沙培宁有双眼睛，也给了我们一双眼睛，这是我读这本书最深切的感受与最大的收获。

　　往媒体上说，如今，自媒体时代，每个人都有自己的一个话筒，用自己的话筒言说自己的声音。开放时代的声音是多元的，问题是你究竟发出的是什么声音。沙培宁的话筒是属于伟大时代的，是为这个伟大的时代发出声音的，而话筒的线与她的心灵联结在一起，发出的声音来自她的内心。这样，眼睛、话筒、心灵构成了一个媒体人的整体。她的教育言说，是宏大的，又是精微的；是深刻的，但一定是真诚的；是道问学的，更是尊德性的。总之，沙培宁的言说，映射了一个伟大的时代。

沙培宁有双道德之眼，以道德良知发出了道德的呼唤。中华文化源远流长、博大精深，散发出多彩的光芒，但有个底色与本色，那就是伦理道德，正是中华文化塑造了中华民族伦理道德的心理文化结构和精神特质。改革开放，走进新时代，道德问题越来越凸显，对道德回归的呼唤越来越紧迫。习近平总书记说：国无德不兴，人无德不立；要培育、践行社会主义核心价值观，寻求"最大公约数"，帮助学生扣好人生第一粒扣子。沙培宁把关注的目光投向好老师，投向乡村教师，提出"教育当以慈悲为怀"；把目光投向幸福，让孩子有孩子的模样，要破解幸福的密码；把目光投向"贵族精神"，言说了"贵族精神"的三要义——教育、责任、自由，提出了要"守住灵魂的贞操、完成精神的锤炼"。她在主编的《中小学管理》创刊 20 周年之际，写下了四个字："爱有归处"。是的，《中小学管理》以博大的道德胸怀，让校长们、教师们有了爱，爱也有了归处。

沙培宁有双真诚之眼，以真心唤起真情，以真情唤起深情，以熟知唤起真知。真、真实、真诚、求真、学做真人，是中华民族的高贵品质，在中国人的脉管里流淌着真诚的热血，在中国人的真诚里焕发出最深沉的精神追求。如今，诚信已成为社会主义核心价值观。教育就要以真知、真情、真心延续中华民族的血脉。沙培宁是最讲真的，最讲真诚的。她以真诚之眼，期盼中国教育让真成为一种文化和气象。在读完《跟孔子学当老师》一书后，她从先贤的品行中有了神悟。她认为，真是一种纯粹，是透彻地"明自己"，是"本色地存在"，是"守护人性中那原本的厚道"，是教育的敞亮，是活得透明。她还认为，真是一种力量。的确，教育是有真谛的，我们要永远追寻教育的真义。沙培宁以她的真诚之眼表达了真诚的论说，我们要为此而不懈地去追求，学做真人。

沙培宁有双智慧之眼，以"闲闲"大智观察教育，以"炎炎"大言言说人生智慧。智慧，那么古老，又那么年轻；那么遥远，又那么亲近；那么宏大，又那么具体、细致。智慧有大小之分。庄子说："大知闲闲，小知间间；大言炎炎，小言詹詹。"闲，空也；空也，大也；大智慧关注宏观，有一个偌大的视角。炎炎，气势也，气度也，气象也，大言说也。沙培宁学的是哲学，又在中国社科院哲学所工作过，与哲学大师们在一起，其哲思是丰富的、深厚的，又是灵动的。她采写过北京大学附属中学著名特级教师张思明的教育事迹，写了张思明的大胸襟、大情怀、大手笔、大人生，最后说，智慧的人生是卓尔不群的。她还采写过李希贵的教育事迹，写出了李希贵之"贵"、北京市十一学校的"十一之'贵'"。这些都是大智慧的言说。

哲学家牟宗三先生说："不是生命所在的地方，没有真学问的出现。"生命不是一个发现的过程，而是一个创造的过程。沙培宁在书中多次写了陶西平先生。陶先生是教育家，是我们的人生导师。陶先生以他的生命创造了真学问，创造了真教育。沙培宁对陶先生的爱戴与尊重，让我们心动。她还写过这样的文章:《作为生命体的学校》。文中说，学校应当有生命感，由此而有生长感、历史感、本土感，充溢着生命的体温，同时有"未来感"，永远在路上。完全可以说，沙培宁是以自己的生命在言说，以自己生命的体温去温暖作者与读者。她的生命是美的，是高贵的。

用自己的眼睛望出去吧，像沙培宁老师那样! 那么，你的视界必定处在高点，你的世界必定是宏大的、美好的。

成尚荣

2019 年 9 月 16 日

序三　在"情"与"思"中幸福地行走

　　不知是机缘巧合还是命中注定，从大学毕业到退休，我换了三个工作单位，却始终在"鼓捣字"。"编辑（记者）"一词对我而言，是职业生涯的全部，我以此为生，亦以此为乐。

　　一本书、一个话筒、一本刊，是我31年的职业行走路线。前十年，在编辑对文字、体例要求都极为苛刻的专业工具书的过程中，我练就了扎实的编辑基本功；中间三年，我在广播电台"跑新闻""做专题"，逐渐建立起记者特有的职业敏感；而后的18年，因《中小学管理》而与教育结缘，这，成为我尽享专业幸福的开始。

　　我的同伴和挚友孙金鑫在她的博士论文后记中这样描述她眼中的我以及我们的日常——

　　我的主编，基础教育期刊界最有风格的美女编审。她对工作的投入与严苛，与我的导师（注：褚宏启教授）并无二致。我们激情洋溢地"疯狂"耕耘，收获了无数读者的认可，也牺牲了自己每一寸私人时光，成为不折不扣的教育"更夫"。我是办公楼里被保安最后清场的那个人，她是叫醒保安早起开门的那个人。我夜里一点钟发稿，她早晨五点钟审稿。八点钟，我们又精神抖擞地相会在办公室。这就是我们的工作常态。我们拍过桌子，瞪过眼睛，更在深夜里无数次依偎着心灵"取暖"。她给我最大的启示，是对生命始终饱满的热情，对专业深入骨髓的宠爱。她从中国社科院哲学所来到一个小小期刊社，反而找到了自己的生命价值，体会到生命与事业双重极致的美。她活得豪情万丈，活得汪洋恣肆。她，是活对了的超常英才。

　　的确，我"活对了"！与教育的相遇，其实也是与自己的相遇。她满足了我对理想的专业生活的全部想象与渴望；成全了一个小个体面对大世界时无限丰富的可能性；让我找到了与自己、与他人的生命深情对话的最佳方式；唤醒了我内在的生命力，使我能徜徉于人生的大痛苦与大幸福中，求得精神的明澈、灵魂的了悟；让我有机会阅读无数高尚、曲折、有趣的人生，贴近他们丰盈、饱满的内心，贪婪地吸吮其间的营养，并将其细细嚼碎，反哺自身；宠我痛痛快快、彻彻底底地释放自己，并最终找到安放那颗细腻敏感的同理之心与悲悯之心的理想之地。如果说选择了一种职业即选择了一种"活法"的话，那么，教育让我找到了自己最想要的"活法"，活出了自己最想要的模样。于我而言，教育赐予我的那种精神的自足与自洽、那种值得用一生去拥抱的积极的生命体验，是比什么都珍贵的享受。那是一种源自生命与生活本身的大欢愉，自然、纯粹，深及内里。

　　我体会，做好教育媒体人，"情"与"思"二字最为重要。

　　这里的"情"，主要指情感与情怀。我相信，从根本上讲，教育是一项充满人性温暖的事业，它可以抵达单纯的技术与工具难以抵达的地方。我同样相信，任何现实中的教育都是人性的折射与表达。所以，教育人之间心灵的相通，必定是人性的相通；他们对教育的关切，必定源于对"人"的关切。由此产生的情感也必定是深沉、浓烈而持久的。

　　有了真实的情感，也便有了坚定的立场。对于教育媒体人来说，有了情感，你才会真诚地爱教育，并爱那些同样真诚地爱教育的人。有了情感，你才会对那些非教育、伪教育、反教育的"教育"勇敢地说"不"，恨之、诛之；才会为那些被扭曲、被亵渎、被伤害的教育心痛不已，惜之、护之。有了情感，你才可能欣赏到教育之真善美在融于活泼泼的生命成长过程中落地生根、尽情绽放的崇高与壮美，进而领略到卓越的教育人在"迷恋他人成长"中获得高峰体验的至高幸福。

有了情感，你才能在面对教育之人之事时，真正把"我"放进去，达成"共情式理解"，实现物我交融、相互激荡。有了情感，你才能体悟那份精神共鸣带给人的撼动——你与他，虽远隔千里，却可在心灵深处相知相晤，彻夜畅谈。有了情感，你才会理解教育人"人生为一大事来"的豪迈，"给生命涂上爱的底色"的柔情，"平生只想办好一所学校"的执着……

编辑是靠言语生活的。我体会，言语是一种饱含生命感的存在（教育言语尤其如此）。她可能骤然爆发，也可能徐缓流淌，无论其具体情态如何，都必定发自生命体内在的冲动，是价值使然，更是情感使然。

当然，正如《编辑人的世界》一书所言，"对编辑来说，爱一本书就像爱一个人，没有一种爱不必负担起相应的责任，没有一种责任无需坚忍不拔的精神"。是的，我深知，爱—责任—坚忍不拔的精神，这既是一种自然的转化，更需要自觉的努力——自觉地虔诚投入，自讨苦吃；自觉地不舍昼夜，向上登攀；自觉地锤炼自己强大的生命理解力，做出教育的"意义"与"意思"……我梦想，在我们的杂志走进万千校长案头的同时，我也能走进他们的心灵，分享他们的苦辣酸甜。为此，我努力再努力。我想对校长们说：为了读懂你们，我已经准备了半生！因此，你们的那句话——"沙姐是懂我们的人"，足以令我泪流满面！

是啊，一路走来，怎一个"情"字了得！我期待，这浓浓的真情陪伴我在教育之路上一直走下去、美下去，及花甲，亦青春！

说到"思"，这里主要指的是思考、思想。一个卓越的编辑人与技术工匠式的编辑人最根本的差异，在于他是否拥有思维的、思想的"利器"。也许与在社科院工作过多年有关，我一直保持着较强的研究意识，并在艰苦的研究中，体会着"编研一体"的专业生活方式带来的多重挑战与独有乐趣。

我对自己的要求是：以研为基，独立思考，努力做一个有专业造诣与学术尊严的编辑人。编辑策划时，要保持对前沿话题的敏感，同时有冷眼观潮的能力；每个选题都要在"新""活""深"上下功夫，绝不简单地跟从别人、重复自己。独立写作时，感性与理性要同样丰沛；文章要有温度、有色彩，同时有质感、有力道。参与活动时，一定要发出有专业水准、思维含量的声音，并体现出作为"两栖人"的特有优势……

作为主编，我提出了"建研究型组织""做专家型编辑"的主张，带领编辑在研究状态下工作。我们将研究的触角伸向多个专业领域，参与课题研究，参加各种会议，历练自己在理论与实践、问题与选题间进行多重转换的能力；我们建立了编辑部知识共享机制，更有随时随地的沙龙、分享、辩论……当然，最"管用"的，是落在每一篇稿子上的研究。因为对编辑而言，处理每一篇稿件的过程，都是在 N 遍的调整与雕琢中深度思考、二次创造的过程，都是使自己的思维方式不断优化的自我修炼的过程。唯此，编辑才能实现真实内在的成长；刊物才能从优秀走向卓越，不仅成为优质资源的集散地，而且成为新思想、新创意的生发地。

寓情于思，融思于情。就这样，在情与思的交响中，我幸福地行走在教育之路上。在完成编辑主业的同时，我也撰写了一些文章，但自觉识浅文陋、难成体系，故从未奢想过结集出版。若没有大夏书系李永梅社长及其同伴的真诚相邀、辛劳付出，便不可能有这本小书的诞生。在此，躬身以谢！

特别感谢陶西平先生。也许我难以准确地估量他对我的生命成长到底产生了多大的影响，但可以肯定地说，他是我进入教育领域后最重要的"重要他人"！他让我见识了何谓深邃、潇洒的教育人生，何谓追梦者最动人的沉浸。前日，他在病榻上为我的小书作序，更是让我感动之至。谢谢您，敬爱的陶先生！

特别感谢成尚荣先生。无论为人为教，先生之风都令我敬仰。他让我感叹精神逆向生长、思想永续燃烧的力量。他在千忙万忙中不吝为小书作序，且厚爱、激赏有加。当我捧读先生长达八页的手写稿时，不禁泪眼婆娑。成先生，您的这份馈赠将成为我永存心底的最珍贵的收藏！

　　我还要特别感谢教育之路上遇见的所有同道者，特别是中小学管理杂志社的所有同伴。我相信，我们的温暖相伴，是彼此最长情的告白！

　　最后，致敬教育！致敬所有教育人！

沙培宁

2019 年 10 月 2 日

/悟教育/

/孩子该有的模样/

我相信，学生的形象，即学校的形象、教育的形象。有时，这样的"形象观察与评价"可能比那些量化的指标、数据等还来得真实与准确。

如果用一句话来表达我内心里"好的学生样"的话，那就是：孩子们像他们该有的模样。

说几个重要的"观察点"吧——

一是"结实"。一个真疼孩子的校长，一所真为孩子好的学校，一定会把孩子的健康放在心上。这是"好校长""好学校""好教育"的重要标志之一。《中小学管理》杂志曾登载多篇研究民国教育大家的文章，让我颇为感慨的是，这些大家无一例外地视学生的健康为"第一要事"，将体育置于极其重要的位置。比如近代著名教育家、春晖中学的创办者经亨颐说："本校如能以体育著闻，却是深所盼望的事！""把体育成绩佳良，立为学校考成唯一标准亦无不可！"春晖成立初年的总预算为 4300 元，其购置运动器械的预算即达 2000 元。又如担任清华大学第二任校长的周诒春被誉为清华优良传统的奠基者，其"全人格教育"的最精彩之处，莫过于"崇尚体育"。

现在，为解决学生体质健康状况令人担忧的问题，一些学校做出了积极的努力。如北京史家小学开设了校内"眼科医院"，通过物理疗法，改善学生的视力；为所有"小胖墩"建健康档案，留体能作业，做专门指导；出版《健康娃娃》等读物；教学生常用穴位的按摩方法；每日多次提醒学生"一天必喝八杯水"。此外，我们还报道过湖北枣阳南城张湾小学等村小的教师，利用废旧轮胎、粗麻绳、木板、木墩等材料，自制多种运动器材，组织孩子们开展丰富多彩的体育活动，其良苦用心令人感佩。

二是"欢实"。一次，我刊一位编辑去一所小学采访，校长颇为自豪地说："你看，我们的孩子多'欢实'啊！"可惜，这样的"欢实"在不少校园里竟成了一种奢侈。卢梭说："大自然希望儿童在成人以前就要像儿童的样子。如果打乱了这个次序……我们将造成一些年纪轻轻的博士和老态龙钟的儿童。"有调查显示，已有近60%的城市孩子不会"玩"了。于是，如何让学生"玩"起来、"动"起来、"欢实"起来，被提到重要的议事日程。江苏南京52名教师编创了100多种游戏，推荐给各个小学；部分学校开设了"游戏课程"，滚铁环、抖空竹、打腰鼓、跳竹竿等传统游戏走进课堂。北京育英学校创编了"游戏作业"，北京市十一学校创办了校园狂欢节、泼水节……当然，还有一个更具挑战性的课题：如何让孩子们的思维也"欢实"起来。

三是"皮实"。如果被我们捧着、抱着长大的都是学习成绩优良但脆弱得不堪一击的孩子，那将是教育极大的悲哀。孩子，就该在摔摔打打、磕磕碰碰中成长。也许，没有要求严苛的军训，没有挑战极限的远足，学生就很难体会到"流血流汗不流泪，掉皮掉肉不掉队"的豪迈。同样，当失败、碰壁等被"屏蔽"与"过滤"，没有抗压抗挫的磨炼，没有经风经雨的考验，学生也就很难生长出强大的精神力量。所以，身体与心理的"皮实"，真的"一个也不能少"。

四是"丰实"。在教育被窄化为教学、教学被窄化为记忆、记忆被窄化为条件反射的境况下，我们所培养的恐怕只能是"在很少的领域懂得很多，但在更多的领域懂得很少"的人。世界如此精彩，我们难道不该让孩子们去"读万卷书，行万里路"？不该让他们知道什么是宽阔，什么是狭隘，什么是崇高，什么是龌龊，什么是战胜自我的愉悦，什么是高峰体验的满足？

诚然，还有更要紧的"诚实""老实""平实""朴实"……一项对1.5万网友的调查表明，超过86%的考生在高考作文中说的是假话；

70% 的人表示，作文说假话是从小学开始的；86% 的人认为，对于作文中说假话，教师是默许的。与这些数据同样可怕的是，有的孩子早早就学会了不择手段地"贿选"，早早就知道了揣摩"利益供给方"的心思进而"这样表现"的好处，早早就感受到阶层与出身的利害。有的小学的学生干部，一看就是被"过度塑造"过的，位置感、优越感极强，说话一套一套的，但全然不是孩子的语言。

在我看来，孩子本来的模样，是最可爱的模样。"他们"就是"他们"，千万不要让"他们"过早地成了"我们"。也许，这是对孩子们最基本的尊重与珍爱。

（原载《中小学管理》，2013 年第 11 期）

用孩子的眼睛望出去

不知怎么，我很喜欢张华教授说过的一句话——我们的课程应更关注学生的心理逻辑而非内容逻辑，要"用孩子的眼睛望出去"。

"用孩子的眼睛望出去"，我们就会发现，对孩子们的世界，我们有太多的"不懂"——比如：马宏校长说，她不明白，一个九岁的孩子在研究"桥"时，为什么会说"桥喜欢白天，不喜欢晚上"。窦桂梅校长说，她没想到，孩子们在学《牛郎织女》时会问："为什么这里偏偏是牛，而不是马或者羊？"汪正贵校长说，他很震惊，学校在评选"2011年马鞍山二中十件大事"时，"官方版"与"学生版"竟然只有1/3基本吻合，而学生排在第一的"周五自由着装日"根本就没进入管理者的视野。罗洁主任说，他很感慨：也许孩子们的认知结构压根儿就与我们不同。一次，他瞧见几个孩子边看卡通书边哈哈大笑，便也凑过去翻了起来，结果看了半天，竟一点儿没看懂！我的一位同事说，当年自己很"幼稚"，女儿三四岁时，便带她去颐和园等名胜古迹游览，可小家伙对那些景色毫无感觉，只是像在家门口一样，对地上那些小蚂蚁的"行动"情有独钟……

太多的"不懂"，自然演化出太多的主观臆断、本末倒置，太多的一厢情愿、自作多情，太多的轻重错位、主次颠倒……在不少教育者的意识中，"对象感"模糊、"生命感"缺失；大家早已习惯于"用成人的眼睛望出去"，习惯于让"他们"顺应"我们"。在这样的价值框架下，我们也就不难理解，为什么与那些精致的教学研究、课程安排相较，我们"关于学生的知识"会那样的匮乏、那样的粗陋。

孩子是一部奥妙无穷、美妙绝伦的大书，古今中外所有的"好老师"无一不是研读这部大书的高手。他们兴致盎然地读，乐此不疲地读，精嚼细品地读，设身处地地读，掬百年童心、倾敬畏之情地读。这样的深情研读，细腻到可以透视孩子们的"小心思""小秘密""小烦恼"，以一颗孩子的心去理解孩子——"你不可轻视小孩的情感！他给你一块糖吃，是有汽车大王捐助一万万元的慷慨。他做了一个纸鸢飞不上去，是有齐柏林飞船造不成功一样的踌躇。他失手打破了一个泥娃娃，是有一个寡妇死了独生子那么悲哀……"每每品读陶行知先生的这段话，我都会万分感慨：教育实在是一门指向内心的学问；这一串串闪烁着人性光辉的文字，实在是一个至善的教育者之"同理心"与"共情感"的最美丽的表达。悉心体会这样的表达，我们便会更真切地领悟先生那句箴言的深刻意蕴——"我们必须会变小孩子，才配做小孩子的先生"。

"从孩子的眼睛望出去"，首先是个态度问题。对教育者来说，它源于一种价值召唤与"绝对命令"；源于我们对教育本色的真诚呵护、对学生生命的终极关怀；源于我们的专业常识、专业立场、专业自觉，乃至专业信仰。只有解决了这个态度问题，学校才能在谋划改革时，找到最重要的逻辑原点与价值支点；教师才能放下身段，专注于孩子本身的发展；学生才能在学校真正享有作为主人的"存在感"与"尊严感"。当然，我们这样做并不是一味地顺从与迁就孩子，而是要努力寻求其与教育目的的深度契合。

有了积极的态度，我们便会诚心诚意、千方百计，甚至是自讨苦吃地去寻找读懂孩子的种种方法。教授级教师刘晓晴为了弄清"笨孩子"到底为什么学不好物理，曾"不知深浅地"踏入了当时认知心理学的前沿领地，用"口语报告法"成功探寻到隐藏在学生大脑"黑箱"中的一些"秘密"。广东深圳市育新学校认真调研、逐一分析本校工读生的认知倾向与思维类型，想方设法找到最适合这些孩子的个性化的教学方法。一位临近退休的班主任，为了熟悉学生的话语系统，竟学起了孩子们玩的游戏、唱的歌。年逾古稀的裴娣娜教授研究了一辈子课程与教学，依然对学生到底是怎么认识事物的，即孩子们学习的真实过程充满好奇。她常常会在我们止步的地方继续前行，作刨根问底式的追问——怎么样，怎么样，到底怎么样？比如"查资料"，学生到底用了多少种方法？又如"小组展示"，没上台的学生如何理解自己对小组的贡献？……

　　我很认同张菊荣校长的一个观点——"教师本质上是一个学生研究者"。我想，一个好的"学生研究者"一定乐于且善于"用孩子的眼睛望出去"。借助这样的"眼睛"，他们一定会发现教育世界中更斑斓的色彩、更奇妙的梦想、更广阔的天地、更丰富的可能……

（原载《中小学管理》，2015 年第 6 期）

/ 所谓"大气" /

"大气"是个好听的词，虽然近来在教育圈里被用得很多，但我还不觉其"滥"，原因之一恐怕与真正的"大气"尚属稀缺有关。

透彻地解读"大气"非我所能，那就试着描述一下对"大气"的教育人的些许"感觉"吧！

"大气"的教育人对"正确的事"有着一份超乎寻常的执着，因为他们对关乎"价值"的东西想得透辟。现实是如此复杂甚至混乱，渺小的个体靠什么守住良知，不随别人的扭曲而扭曲？当然是对"价值"的判断以及由对"价值"的坚守而产生的信仰。价值观是我们用以批判现实、把握自我的永恒尺度，而"信仰是成长的价值皈依。有信仰就有精神家园，有家园就能安身立命，就能行当所行、止当所止，就能全神贯注、一以贯之"（王崧舟语）。因为超越了"器"的层面，解决了"上位"的问题，所以"大气"的教育人必有强大的内心，必具"七八级风撼不动"的定力和逆流而上的勇气，必能在浊水横流中保持灵魂的洁净，必视学生的生命成长为最高价值，并依此在大小、轻重、长短间作出取舍——看"大"，看"重"，看"长"。

"大气"的教育人做人做事大多遵从内心的指引，较少受到外界干扰。与多数人相比，他们活得不那么被动，不会天天环顾左右、事事察言观色，因之有着一份透彻的潇洒与自由。然而，他们又往往是沉重的，这沉重根于苛刻的自律，根于对使命担当的看重、对内心承诺的检视和对教育现状的忧患。一位干得很出色的名校长在一次重要的述职时没有"摆功"，而是连说了几个"对不起"。他说："我很惭愧。

尽管自己一直没有放弃努力，但扪心自问，我真的让学生开心了吗？幸福了吗？自由了吗？有效成长了吗？”一位教师在期末“盘点”时写的一篇《那些我做不到的事》亦令我等无比汗颜。他们的心因为装着“大问题”而饱满、浩荡，尽管他们在面对现实、反观自身时也会有忧有痛，但与一些人屈于功利的考虑、囿于一己的需要而生出的忧与痛，实在是境界天壤！

　　“大气”的教育人对学生爱得纯粹。这“纯粹”指引他们在“爱自己”与“爱学生”发生冲突、利益召唤极为诱人时，义无反顾地选择“爱学生”。记得一位校长曾发问：“我们会为自己的一些功利行为找到无数条理由，但我想问，谁来疼学生？”这一问，便问到了骨髓里。真正“疼学生”，就会一事当前先为学生打算，无论大事小节都不折不扣地“以学生为本”。在学位十分抢手的上海师范大学第一附属小学采访时，我们发现，不大的校长室不仅十分简陋，而且竟然挤了三个人办公！当我们执意请校长“配合一下”把这一“景”拍下来时，她有点不好意思。那一刻，端庄、美丽而又柔弱的她在那个小木门的衬托下显得格外高大。之后，在其他名校中很难寻到的这样的校长办公室又在上海徐汇区的两所学校再现。说到此事，三位校长的回答竟出奇地一致：学校地方小，资金有限，尽着学生吧！我不想给他们扣上高尚的帽子，但那无疑是一种不着胭脂自醉人、让所有刻意的俗气之举都显得苍白的“大气”！杭州二中叶翠微校长把一位“留下来”即能给学校赢得国际比赛奖牌的高二学生提前“放走”（提前保送清华大学），他对我说：“最终促成我作出决定的，是我在晚自习时发现他正在看一本大二学生才会读的生物书。那一刻我觉得，自己没有任何理由为了那一两块金牌银牌而耽误这孩子，早一天把他送入大学，他便可能早一天成才！”从叶校长的所为所言中，我们是否也能体会到一种“大气”呢？

　　“大气”的教育人常呈现出一种“复杂的简单”状态，看似矛盾的两极在他们那里归于统一，一切波动在他们那里变得平滑，源自内心的强大张力使他们的生活充满弹性——内心澎湃而又沉静理性，纵

情与思：一个媒体人的教育言说

010

有傲然之气，却也沉得下来；相信"为者常成，行者常至"，善以积极的态度忍受坚守的苦涩；开明大度，较少计较，兼容差异，接纳异己；能对现实作最彻底的批判，又能最大限度地吸收；悲悯但不颓废，孤独而不寂寞；心境纯粹，气定神闲，从心所欲，闲适如羽……他们因高度自洽、知行相谐而收获一份内心的安宁，尽享"大气"的回报。

这就是我所"感觉"的所谓"大气"。

（原载《中小学管理》，2010年第1期）

/ 迷恋他人成长 /

马克斯·范梅南的著作《教学机智——教育智慧的意蕴》中有若干经典语句，而经典中的经典莫过于那个颇具诗性的表达——"教育学就是迷恋他人成长的学问"。"迷恋他人成长"，短短的六个字，却丰满而瑰丽，豁然直抵教育的种种特质，特别是其崇高的专业存在方式，以及人与人之间那种神圣而持久的关联。

记得江苏汾湖的张菊荣校长写过一篇与本文同名的博文，其中有这样一段："我夫人就是一个迷恋学生成长的人。她为了让孩子们读书，就把自己买来的书一家一家地送上门；然后，再疯狂地买书，以至于建立了家庭'童书馆'。她的长达六年的诵读工程，真是令人感动……前不久，她刚送走一届学生，估计自己可能会回到一年级任教，所以四处找'绘本'来读……以前，她也曾为了与孩子们实现'共读'，而翻阅大量的儿童文学作品。最近，她有七个学生'出版'了'土书'，我深知她在其中的巨大投入。她反复翻着这些'书'，对我说：那些小家伙拿到这些'书'，该多么兴奋啊！——在夫人身上，我完全可以领会到什么叫'迷恋他人成长'。"

说白了，"迷恋"就是"着迷"，就是"极致地、难以自拔地喜欢"，就是"忘我地、无可救药地投入"，就是"那一对象"成为自己生命中最重要的部分，甚或整个世界。

与一般人相较，教育人的迷恋更呈现出一种至善的热忱、至深的沉浸，也更像是一种"生命内里的黏附和吸引"（莫言）。我想，这一定是因为其所迷恋的是世上最昂贵的奢饰品——"他人的成长"。

大家都熟知马斯洛的需要层次理论，但恐怕没有多少人注意到，其晚年的思想有了新的发展。他将"自我实现"区分为两个水平：一是个人水平上的"自我实现"；二是超个人水平的"自我实现"，或称"超越型的自我实现"。也有人认为，马斯洛是在需要层次理论的"金字塔"上又增添了一层最高的需要，即"超越性需要"。通过对不少成功人士的观察与研究，马斯洛对"超越者"的人格特征作出了一系列描述。比如：他们是"自我实现"的，但又是"超越自我实现"的，他们的关注超出了"自我"的范围；他们更自觉地受"超越性动机"（如真、善、美的统一）的支配；他们对"宗教情感"或"精神体验"，可能有着比很多牧师更为虔诚的态度；他们常常能看到事物中神圣的一面，并能享受到更多的"入迷体验""高峰体验"和"高原体验"……总之，这样的自我超越是人的最高动机，它所关注的是能够激发出敬畏之情的、"比'我'更大的东西"，因而具有很高的社会价值。

　　之所以用这么多笔墨来说明马氏的观点，是因为在太多太多优秀教师身上——在他们倾一生之心血而于每日每时的精神劳作中，在他们与孩子们共同遭遇成长的种种酸甜苦辣、共同演绎的无数个精彩的教育故事中，在只有师生长相依才可能彼此"懂得"的那种特有的眼神中，在毕业惜别时一任泪水奔流的深情相拥中，在他们白发苍苍时仍无怨无悔的选择中——我看到了太多太多这样的"超越"、这样的"虔诚"、这样的"最高动机"、这样的"高峰体验"。

　　对教师而言，这种指向学生成长的忘我的迷恋绝非单纯的消耗与付出。也许教育人的福分就在于：我们的一言一行都因为与孩子们的生命成长有高利害的关联而满载"意义"；我们的每天每年都在面对"当下"和"这一个"的复杂情境的挑战中，在充满必然（那么有规律）亦充满偶然（那么有变数）的奥妙无穷的工作中，与孩子们一起创造着他们未来的"可能生活"。这是一个充满诱惑、积攒希望的过程：成长永远是那么新鲜，孩子们永远是那么慷慨，只要我们做得有一点好，他们就会将无限丰富的发展可能在我们面前铺展看来，要多精彩，就有多精彩！在这样的师生相互映照、相互滋养的过程中，我们也得以在"迷恋他人成长"中成长。

最后我想说：亲爱的老师们，我们选择了教育，也就选择了以成就"他人成长"为使命；"迷恋他人成长"的人，也必定为他人所迷恋！

（原载《中小学管理》，2014 年第 1 期）

/"好老师"：读你千遍也不厌倦/

"好老师"是个很古老的话题，但在我心里，它永远新鲜，再读千遍也不厌倦。

新鲜，源于不间断的"刺激"，源于一提及"好老师"这几个字，便一股脑儿涌到眼前的那一幅幅拨动人心的画面——

2008年十一，我参加了一个特殊的师生聚会："老师"已年逾古稀，"学生"也比他小不了几岁，且是一水儿的女士（原是女生班的学生）。他们在一起边翻看照片，边叙说着50多年来那些只属于"我们班"的长长、美美的故事，那是他们此生最珍贵的收藏！那位被一帮老太太"包围"着、被一声声亲切地唤着"老师"的先生便是教育大家陶西平。他这辈子做过无数个"主任"，而最温暖、最幸福的恐怕就是这个最小的"主任"——"班主任"了吧！

近读曾纪洲的《教书，不简单》，在乡下任教多年的曾老师坦言："每次走进教室，尤其是刚站上讲台那会儿，我都有些紧张……或许因为内心深处有一份在乎，在乎讲台下的每一个学生。""在乎"，多贴切、多温润的一个词啊！它让我一下子就明白了为什么那群纯朴到底的孩子也那么"在乎"他：一次，师生一起去爬山，快到山顶时，他累得直要倒下，没想到，学生们竟"见死不救"，"狠心地"撇下他，直奔顶峰。等他到了那儿才看见，男孩子们个个打着赤膊，地上铺就的是他们用各式各样衬衫连成的、可能是世界上最薄的一张"床"。"老师，您累了，赶快躺一会儿吧！"那一刻，被充满童真的"心疼"与"体贴"感动得一塌糊涂的他，成了世界上最幸福的人。

前月去北京和平街一中参加"高香丽班主任工作研讨会",深为她与她所带的新疆"内高班"的 48 个孩子的炽情所感动。她说:"不是孩子们离不开我,而是我离不开他们!"第一年暑假,她送学生们回新疆后,竟因为太想他们而连续两晚彻夜失眠。"那时我才明白,我们之间有着怎样难以割舍之情!"孩子们也是那样信赖与依恋她,他们常说:"老师,有您在,我们觉得没什么可怕的!"他们"不敢"犯错,不是怕挨批,而是怕老师伤心……

类似的例子无以计数。这让我想起周勇先生对万世景仰的"好老师"——孔子"饱含人间至情的教学之恋"的一种深悟:"世间最美的亲情、友情与爱情所包含的种种美好人性,孔子通过教学都体验到了。""孔子以其一生的经历证明,教学,绝对有如佳人一般,可以让深爱它的教师体验到人间的极致情感。"

这样的极致情感、高峰体验,并非每个人都能享受得到。所以,我不能不羡慕"好老师"竭其一生修来的福分;也不能不感慨:教育实在是人性的一种投射,"做好老师"实在是至善之人最畅快的一种职业表达。

一遍遍品读"好老师",在"字里行间",我还发现——

"好老师"一定是怀揣着虔诚与悲悯之心、敬畏与神圣之感做人做事的人;一定是生活价值观与职业价值观相契相谐的人;一定是离功利最远、离孩子最近的人;一定是把"教"与"育"毫不牵强地融为一体的人;一定是把自己感受到的人生百味细细咀嚼后,将"营养"留给学生的人;一定是靠无数个难忘的细节,而在学生生命中留痕的"重要他人";一定是可以将自己所有内在的"好"都充分外化与实现,将自己的优质"基因"在没有任何血缘关系的人群中传递下去的人;一定是"在讲课时显得比平常更漂亮的人";一定是让不止一个学生因为自己的"老师好"而立志成为"好老师"的人;一定是家长最想把孩子托付给他的人;一定是在"老学生"聚会时最多被提及,即使不在一起,仍然可以长久依偎的人;一定是学生"从来不需要想起,永远也不会忘记"的人;一定是当学生已经变得比他当年还老得多，但在他面前仍然愿意做个孩子、卸下所有的伪装，最轻松、最本色地存在的人；一定是在至为纯粹、至为"利他"的关系中获得最高回馈的人；一定是为永远鲜活的生命所滋润，而永远都不会老去的、"有故事"的人；一定是学生不管走多久、走多远，都会时常"深情回望"的人……

我不知道这世上还有谁能像他们一样，如此酣畅淋漓地浪漫一辈子、抒情一辈子?

做"好老师"，真好!

（原载《中小学管理》，2012 年第 1 期）

/ 作为生命体的学校 /

　　我常去学校，渐渐地，便有了某种"学校感"。所谓"学校感"，其实就是对各种"校园表情"所透露出的学校整体的"生命状态"的某种感觉。这种一再出现的感觉提示我：我们不仅要把每一个学生视为一个生命体，而且也应将每一所学校视为一个生命体。

　　曾读到一篇文章，讲梁漱溟对中西医之差别的辨析。文中说，梁先生起初颇感困惑：为什么中西医治病的对象是一个，但两者竟无法沟通？后来他发现，原因在于它们看待人体的"根本观念"不同——西医是"身体观"，而中医是"生命观"；西医把人体看成是静态的、可分的物质实体，而中医则把人体看成是动态的、不可分的"整个一体"；西医无论如何解剖，其所看到的仍仅是生命活动"剩下的痕迹"，并非生命活动本身，而中医所得者乃"生命之活体"。

　　我想，与"看人体"一样，人们"看学校"的不同，恐怕也源于由哲学本体论的差异而导致的"根本观念"的不同。持"生命观"的人，定会将学校视为"生命之活体"，视为"整个一体"的"生命的存在"。

　　如果承认每一所学校都是一个生命体，那么，我们就要尊重生命体存在与发展的那些常识。比如：生命体一定是"活"的、"长"的、"变"的；一定是一个开放的"自组织"系统；一定"每一个都不同"；一定有其自身生长的节奏与规律；一定要靠"自己生长"，且需要外部支持……一个复杂、高级的生命系统，一定具有更强的"自由意志"——不仅能自适应、自调节、自我再生、自我复制，而且能自我选择、自我优化、自我批判、自我创造；同时，其系统内部各要素之间，也一定存在更复杂的非线性的相互作用。

由上述常识出发，我们或许需要寻求某种更符合学校生命特质的教育行政管理的"范式转换"。比如：一个生命体的"自组织"功能愈强，其产生新功能的能力也愈强，因此，给学校留下充足的"自组织"的空间，尊重其专业自主权，驱动其自主创新，乃行政部门之当为。再如：作为生命体的学校，必然追求真实的自我生长，拒绝被生硬地"制造"或"打造"，亦拒绝五花八门的揠苗助长，因此，行政部门应顺其性、促其成、乐其长。又如：教育本是一片多姿多彩的"生命的林子"，因此，行政部门提供给学校的应是支持其多样化发展的复合性营养和个性化服务，如此，"大树小草"才能各得其所、各展其长。

在"学校是一个生命体"的认识框架下，"生命感""生长感""整体感""历史感""本土感"等具有生命体温的观念，应成为我们观察与评判学校优劣的一些核心要素。如"历史感"的本质是对生命体演化过程的一种尊重，它首先体现为对"历时性"与"生成性"的一种意识、一种态度，所以，老校并不必然有"历史感"，而新校也非注定缺乏"历史感"。再如：从是否有"生命感""生长感"的维度看，那些仅应试灵光但"面色苍白""精神萎靡"的学校，那些自我封闭、故步自封的学校，那些对政策环境等外界因素仅有"条件反射"的学校，都必定与"好学校"无缘。

一所理想的学校，应是一个健康、智慧的生命体。这样的学校一定是每一个细胞都活跃、每一寸肌肤都润泽的学校；一定是"动如脱兔、静如处子""专注"与"绽放"都趋于极致的学校；一定是对外呈打开之态、对内尚和谐之美且保持适度张力的学校；一定是高阶思维发达、创造活力迸发的"有想法"的学校；一定是能直面自身的大病小疾，并能辨证论治、扶正祛邪、固本培元、系统改善的学校；一定是对"自己是谁"有清晰的认知、对自己该"走向哪里"有自觉意识的学校；一定是永远保持自我扬弃的态度，有能力以"主体革命"的方式，掀动系统内部的深层次变革，进而超越当下、超越自身，实现自我蜕变、形成结构性优势、完成新的组织塑造的学校。

　　这样的生命体有其独特的"长相"、独特的色彩、独特的性格、独特的气质、独特的品位……她是成熟的，又是年轻的，即便耄耋已至，依然童心悠悠。这，便是生命体本身的魅力——生长，永远"未完成"，永远"在路上"。

（原载《中小学管理》，2015 年第 1 期）

/让学校充满"教育的味道"/

2014 年暑期，在审读、品味几位大师级人物"上学记"的文稿时，杨绛先生的那一句"振华的那股味儿影响了我一生"给我留下了极深的印象。"那股味儿"，区区三四字，却意味无穷。尽管我们怎样用心，也难描其深意，但我确信，"那股味儿"，一定是弥散于校园的每一个角落、浸入莘莘学子灵魂中的"教育的味道"。

我想，一所充满"教育的味道"的学校，至少应具有以下品性——

敬畏教育常识。在我看来，教育常识的确值得我们"敬重且畏惧"；有了"敬畏"，方有深度的"尊重"，方有不渝的"恪守"——哪怕成为李政涛教授所说的"因坚守对'常识'的信仰而殉道"的人。也许可以这样说，教育发展到今天，恐怕没有什么比教育者对教育常识的无知、破坏与亵渎更令人悲哀与心痛；而且，我们已经且将继续为违背常识的种种非教育之举付出沉重的代价。因之，近两年，一些有识之士疾呼"让教育回到常识"。

建立对教育常识的理性认知，是"让教育回到常识"的前提。比如：人都是在真实地体验挫折、不断犯错中长大的，这是常识；据此，我们有必要修正自己的"错误观"和"挫折观"。李烈校长说得好："每个人身上都有'疤'——'疤'就是成长的记号。当我们为孩子挡住了所有的困难和挫折，也就挡住了孩子的多彩体验，挡住了孩子的未来成就。"近日，有美国专家列出未来教育的五大趋势，第三点即磨炼学生不屈不挠的精神，在他们眼里，"失败是儿童成长的最佳机会"。曾听一位朋友说，他所认识的国外一所私立学校的校长，每天只安排学生上半天课，另外半天全部安排实践体验活动，理由是："给孩子留下犯错的时间。"在如何看待学生犯错的问题上，日本两位课程专家的观点很是耐人寻味。东井义雄教授说："孩子是出错的天才；他们不是乱出错的，其中必有道理。"斋藤喜博教授则主张，把学生犯的"好错误"命名为"某某式错误"，将其定型化、类型化，从而将错误作为宝贵的资源，让班级共享。

恪守"为真"底线。一所充满"教育的味道"的学校必定是一所真实的学校。"真"，是终极价值的支点，也是为教为学的底线。然而，受种种利益的驱使，这一教育底线常常被无情地击穿。可怕的是，假的、伪的、"装"的、表演的……种种渗透于教育管理与教学行为中的"负教育"，对孩子们产生着最现实的影响。更为可怖的是，许多教育人对此已麻木不仁，大家似乎陷入了一种集体性的"审丑疲劳"。

"知耻而后勇。"还是让我们一起来到陶行知的墓前，用心品读那坊柱上镌刻的先生的遗教吧——"千教万教教人求真，千学万学学做真人"。我想，这实在也应成为镌刻在我们每个教育人心中的座右铭。

不弃"无用"之学。学校是"因"学生而存在，也是"为"学生而存在的。因此，坚守"人是目的"的价值信念，从终极关怀的意义上观照学生"全人的成长"，是一所充满"教育的味道"的学校的必然选择。这样的学校，常常表现出对"无用"之学的高度关注（在眼前应试等意义上的）。无论是1934年一所乡村小学的素质教育大纲、1985年北京八中的学生素质23条，还是上海浦东中学发现的该校1909年的"高中必修选修各学程学分时数及选习程序表"，都令习惯于直奔应试主题的我们无比汗颜。再看世界名校伊顿公学，该校恪守"运动第一，学习第二"的理念，坚信"体育的本质是人格教育"，设有八门必修体育课和27门选修体育课，每周体育课时达23小时，几乎与文化课时平分秋色……

写到这儿，想起一件有点意思的事：近些年广受诟病的"奥数"因与升学脱钩，变成"无用"之学，而变得纯洁、清静了许多，恢复了其原本的"教育的味道"。看来，"奥数"本无罪，只是当"教"与"育"无涉，而仅与"考"相伴时，也就难逃"被变味"的厄运。

最后我想说，无论是敬畏教育常识、恪守"为真"底线，还是不弃"无用"之学，都是"教育"发自内里的本质要求。所以，说到底，"教育的味道"一定是源于教育自身的"本真"之味、"本色"之味。"那股味儿"无影无形，但却足够幽远、绵长，默默地、深情地滋润学生整个曲折的人生。

（原载《中小学管理》，2014 年第 9 期）

教育之"美"：一种"生命的形式"

在美国当代学术界享有很高声誉的哲学家、美学家苏珊·朗格对"美"的把悟极为精到，"生命的形式"即她对"美"之本质的一种释读。

在万物都于浪漫中生长的五月，在"来了就不想离开"的蓉城，在迸发着教育活力的青羊，在中国教育学会中小学整体改革专业委员会以"田园城市，美好教育"为主题的学术专题会议上，我触摸到了这种"生命的形式"。她蕴蓄在教育之"美"中，无形无影，却足够鲜明——

"我们的孩子应该是'美'的孩子。这种'美'至少体现在三个方面：一是大美。我们的孩子要'真体内充'，这是最重要的一点。我希望，他们个个都是顶天立地的中国人，有一种骨气和豪气。《说文解字》中定义'羊大为美'，可见，美的本意首先是追求'大'。二是壮美。我不希望我们的孩子以一种孱弱的身姿、苍白的眼神、无助的手势永远龟缩在一个狭小的生活空间里。我们真的应该想一想，为什么我们的教育使孩子们失去了澄澈的眼神、勇敢的气度、壮美的胸襟？三是柔美。我们的孩子要灵敏而灵慧，满溢灵气，知道如何诗意般地生存。"成都市副市长傅勇林如此解读教育之"美"。这样的解读，载满了深深的忧虑和殷殷的期盼，在其背后，无疑是一位思想者对生命本身的观照，对"人之为人"的思考，对教育之于生命体发展的意义的深悟。

在以"雅教育"闻名的成都实验小学，我发现了一件有点儿"奇怪"的事。别的学校搞文化建设多是先从环境建设开始，而他们却偏偏"倒过来"：2004 年提出"雅教育"，之后不断在理念与实践层面使其丰满、充盈，到 2008 年，才开始进行环境设计。与该校陆枋校长聊到这事，她说："我觉得'倒过来'才是正常的。如果一开始就'做'环境，那就只能停留在技术层面；只有当'雅教育'已自然地流淌在大家的血脉之中，环境建设才能成为理念的一种真情表达，我们才能真正找到符合自己内心感受的那些东西，'物'的美才能有'根'。""所以，这些东西一看就不是'做'出来的，而完全是由内而外'透'出来的。"读懂了她的话，我一下子就明白了，为什么他们没有请任何专业设计师，就把他们"家"的大厅小道、边边角角、里里外外都装扮得那么温暖，那么别致，那么高贵，一如陆校长的举手投足都雅得让人心醉一样。原来，美还要依凭"理解"——"理解"那些融合在形式中的"意味"。

让人难忘的还有成都泡桐树小学那些因在创造中享受"家校共育"的和合之美而"疯狂"的学生家长，他们"刹不住闸"的深情叙说让我们见识了和而谐、谐而美的无穷魅力。当然，同样让我们流连的还有草堂小学的诗意荡漾、金沙小学的逐梦之旅……

青羊之行使我对"美"之深刻有了更多的体会："美"实在是人对其灵魂与生命形式的一种关切，对生活真谛的一种领会，对特定的时代生活中最有"意味"的那些东西的一种品持。因而，我愿意将"美"视为人生的一种隐喻；而且，我确信，这种"生命的形式"带给我们的高峰体验必定与生命本身的愉悦有关，而非囿于形式的赞美和情感的共鸣。

再来看我们的教育之"美"。也许她是奢侈的、理想的，理想得有点"乌托邦"，但那是我们虔诚地用了整个心灵、嚼遍所有酸甜苦辣，认定了要追寻的寄情之梦啊！她饱蘸着我们对每一个生命成长之艰辛与美妙的全部领悟和敬畏。她关乎形式，更关乎价值；她源于热情，更源于信仰；她是一种守护，更是一种创造；她是精致的，更是洒脱的；她是感性刺激的，更是深入骨髓的。我相信，所有的教育之"美"都与生命意义的发现、发挥有关，而与"交换""工具"无涉；

因而，尽管教育之"美"需要琴棋书画"在场"，但其本质一定是超越技能与技巧、为了我们心爱的孩子们生命的灿烂和灵魂的高洁而做的……

那就让我们一起在教育之"美"中挥洒生命理想的烂漫风情吧——"美"就"美"到极致，"美"就"美"个彻底！让"美"成为教育的一种生存方式吧，因为在嘈杂的时世中生长的孩子们特别需要这种"生命的形式"。

（原载《中小学管理》，2010 年第 6 期）

/学做"真人"/

读罢《跟孔子学当老师》一书，我也和作者一样，对陈寅恪先生充满了钦佩。他"曾在欧美最好的大学留过18年的学，却连一张学士、硕士、博士文凭都不想要，只顾埋头求取学问"，因而，虽学问超群，却"没有几个人知道，只有梁启超、胡适等人知道其厉害"。书中述及的另一位同样深达"贵族境界"的大家，是在易学及道学领域堪称顶级高手、"生前虽有200多万的著述，却从不公开发表，而是'藏之于山'，因此名不见当世"的潘雨廷先生。这位享受了一辈子"自足之寂寞"的大师有言："真正的学者只是在自己的领域里耕耘，不求闻达，若有几个知己即足矣。"

每每与这样的先贤神悟，我都会为他们那份比我们彻底得多的纯粹而感动。依愚见，在越来越不纯粹的时世中坚守那份纯粹，最需要的就是读懂自己、悟透自己，知道自己在这世上走一遭最在乎的是什么——不管这"在乎"在他人看来是多么痴愚、多么不合时宜。

说到痴愚，不由得又想起那个在林徽因看来"那么简单愚诚"，抱着"单纯的信仰"，"自己从未求过虚荣"，但"始终是很逍遥舒畅的"徐志摩。他的一举一动，无不充满率性的、"原生态"的可爱。

我羡慕他们那么透彻地"明自己"。因为懂自己，方能自洽；能自洽，方能自适；达自适，方能自由；得自由，方能幸福。一个疏离了真实自我、终日"拧巴"着过活的人，恐怕一辈子也品尝不到由"内心的潇洒"和"内在的自由"酿成的舒畅淋漓的人生滋味。

我羡慕他们因"本色地存在"而变得相对简单的生活，即使难以得到现实的种种好处，但却足以安顿自己的灵魂。当然，这需要价值支撑，同时需要足够的勇气。因为从某个角度讲，虚伪与粉饰多源于逃避、怯懦与屈服。尤其当粉饰文化日渐昌盛、粉饰工具日益发达、越来越多的人宁愿陶醉在虚幻的完美中也不愿为守住"真我"而付出过高的代价时，勇气不足必然走向异化。何谓异化？说白了，就是走向"异己"，自造了一个反对自己的力量。可怖的是，现在的有些人"异己"生存已成常态和习惯，想掰正了都难。欺人必先自欺。终有一天，他们会因面目全非而难以自识，那该是怎样的一种悲哀啊！

我相信，所有真实的东西都必有瑕疵。因而，守护人性中那原本的厚道，保存那个可贵的"真我"，也就意味着勇敢地直面、真诚地敞开、深刻地解剖那个并不完满的"我"。写到这儿，我想起陶西平先生在专为本刊写的"絮语"中多次表达出他对敢于将自己的失败与丑陋"晒"出来的坦荡之人的敬佩。无论是美国教育改革的积极倡导者和推动者黛安·拉维奇的自我颠覆、自我否定，还是贵州茂兰小学那个记录着学校重大失败与挫折的特殊的校史专栏，都让这位教育大家看到了"自己的渺小"，也"看到了诚实，看到了大气，看到了自信，看到了什么是教育"！

像这样比我们活得透明、活得敞亮也活得踏实的人还有很多。比如：在华中科技大学毕业典礼上，"根叔"校长那番"关于校园丑陋记忆"的掏心窝子的话，连同那个"我也得时时拷问自己的良心，到底为你们做了什么"的追问，感动了无数学子。

是啊，不伪饰自己且勇于在"灵魂深处闹革命"的人是极有力量而少有畏惧的。因为对他们而言，在"我"之上，还有"我们"，还有更值得看重的东西，它远远超越对一己之名的维护。

"真人"伟大，而学做"真人"，需要我们一辈子的自觉修炼！

（原载《中小学管理》，2011 年第 3 期）

/ 所谓"贵族精神"/

暑期，我参加了由中国教育学会中小学整体改革专业委员会在吉林第二实验学校召开的学术会议。拿到资料袋后，我意外地发现，里面有两个孩子写给我的信，其中，八（9）班的付宇琦同学说："对我校的教育理念，我特别欣赏的，一是实行潜能教育，二是培养'贵族精神'。所谓'贵族精神'指的是追求精神世界的华丽与富足，而不是披绫罗绸缎、品美味佳肴。"

这引起了我对"贵族精神"的思考。

华东师范大学著名教授许纪霖对此多有论述。他以深厚的历史文化研究为基础，提出"贵族精神"有三大支柱：一是教养，二是责任，三是自由。

一说"教养"。我认同许教授的一个观点：教养是被"熏"出来，而非"教"出来的；"熏"成贵族需要三代人，三代之后，贵族的教养才能真正渗入血脉。

教养离功利很远。一位教授在研读了犹太人的历史后颇有感触地说："我最吃惊的是他们对纯粹知识的热爱。他们对搞考古、搞希伯来古文字等纯学术研究的人给予最崇高的敬意。这恐怕与犹太人能成为全世界最成功的商人不无关系吧？"伊顿公学是世界最著名的贵族学校，他们让学生学习的不是高尔夫，也不是工商管理，而是在今天看来"没有用"的拉丁文等知识，以及从古希腊、中世纪到近代的各种宗教人文经典等博雅之学。与此相似，中国古代的"士大夫之学"对博雅知识也极为看重。

教养离奢华很远。曾在英国一所贵族女校读书的张阳露记述：我们睡硬板床，吃粗茶淡饭；每天都要早起，着正装去教堂，冬天也要在寒风中晨跑；尽管同学们的家里都很富有，但很多人都是自己烫裙子、缝纽扣，不随便到外面看电影，把每一笔开支都记在小本上；虽然她们很节约，但在向社会捐赠时都非常慷慨。再看伊顿公学，学校实行的是军事化管理，宛若"吃苦夏令营"。学生平时不能出校门，家长在开学后的三周内不准探望孩子；每栋宿舍楼为一个集体，统一起居、就餐、锻炼、娱乐……因为在他们看来，真正的贵族一定是富于自制力、具有强大的精神力量的。

教养离势利很远。考验一个人是否真的有"贵族精神"，关键是看他在面对社会地位远低于自己的人时，是否依然有教养。二战时英国有一张照片流传很广，当时的国王爱德华到伦敦的一个贫民窟视察时，站在一个东倒西歪的房子门口，对里面一贫如洗的老太太说："请问，我可以进来吗？"这种对最底层人的尊重，是对其良好教养的最佳诠释。

二说"责任"。除了对自己的责任、对家族或组织的责任外，最重要的是对公众的责任。

这种责任不是一种对他人的控制和主宰，而是一种听从使命召唤的担当。

诺贝尔和平奖获得者特里莎修女一生都致力于拯救那些在苦难中挣扎的平民，出身高贵的她却赤脚走进印度社会的底层。2007 年，比尔·盖茨在哈佛大学毕业典礼上演讲，告诫未来的精英们：你的能力越大，你对社会的责任越大。演讲后他宣布，捐出 90% 以上的财产成立基金会，帮助全世界的穷人。西方航海业有一条不成文的规定，船只遇险后，船长要最后一个离开……正如张阳露所说："在西方社会的主流意识中，最让我们感动的就是这种无处不在的担当精神。"

在吉林第二实验学校，我也见到了这种"无处不在的担当精神"。每个班不设小干部，而是"人人有角色，处处有担当"。八（5）班的胡雪阳同学告诉我："班里共有三个'学习担当'，我负责帮助困难生，另一个负责收发作业，还有一个负责推荐好题。"九（8）班的张珈僮则自豪地说：我自荐做了"粉笔担当"，做了一年，还想做下去。像这样指向"尽责"而非以获得和使用某种权力为象征的角色在学校还有很多，如"记录担当""养花担当""运动担当""开门担当""打饭担当"等。回到家，孩子们也当起了"垃圾担当""洗碗担当"等。学校还将2012年暑假的游学活动命名为"寻找贵族精神　英伦发现之旅"……

三说"自由"。主要强调的是内心的自由与独立的意志，此处不再赘述。

按照上述理解，"富"与"贵"并无线性的关联；不管是谁，没有"美德、荣誉和责任高于一切"的情怀，即使权倾天下、富可敌国，也无"贵"可言；一切奴性文化、谋略文化、特权文化、暴发户文化，也都与"贵族精神"相去甚远。因此，守住灵魂的贞操，完成精神的锤炼，是重拾这一普世化的人类精神的关键。至少，它远比学习贵族知识重要得多。

（原载《中小学管理》，2012年第9期）

/“教育当以慈悲为怀”/

　　“教育当以慈悲为怀”，是小语界名师、浙江杭州拱宸桥小学教育集团理事长王崧舟的座右铭。我深以为然。

　　我们一起品几个温暖的画面吧——

　　一次，我刊一记者参会回来刚进屋即忍不住给我们讲起“一碗汤”的故事：山东平阴一中看到一些学生因家里穷，买不起带肉的菜，于是下决心每天早晚两餐为学生供应免费的骨头汤。为此，学校不仅每年要多投入 20 多万元，还自找了很多麻烦：自己购进整头猪进行分割，然后把骨头集中起来，精心熬制，做一元左右的便宜菜时，加入浓浓的骨头汤，为孩子们增加营养；每天，将熬好的 40 多锅汤装到近 80 个大桶中，再分到几千个小碗里……后来，我们约学校写了一篇稿，题目就叫《“一碗汤”熬出浓浓人情味》。

　　一同事聊天时对我说，她的儿子不太乖，上课“吃不饱”或不想学时，就趴在桌上或手托腮帮半睡不睡地“闭目养神”，为此没少被罚站。前年，他参加了美国的一个夏令营。开营后的一节课，他习惯性地托腮闭目，迷迷糊糊中听到正组织学生讨论的那个“老外”说：“孩子们，声音小一点，Tom（他的英文名）正在休息。”听到这儿，他感动得一塌糊涂，回家后大发感慨：“这个‘老外’真好，从小到大，从来没有老师这样把我当人看！”高中时，他去了美国。

　　2011 年冬天，我与陶西平先生一起在北京朝阳实验小学听课。一个小小的细节让这位老教育家感慨多多：为了帮学生养成喝水的习惯，所有教师在每节课开始时都要先看着孩子们喝几口水，而后才正式上课。同样让他感慨的还有另一个细节：一次，他到外地一所名校考察，由于刚下过雨，天冷地滑，所以校长临时决定取消学校精心准备多日的"拿手好戏"轮滑表演。

如此"疼孩子"的人还有很多：前日我到深圳龙岗区清林小学时发现，教学楼的所有走廊都铺着远没有瓷砖漂亮的青石板。校长说，深圳很潮湿，地面常有水，若铺瓷砖，孩子们很容易滑倒、摔伤。1998年采访李镇西时，他班里的一个"大闹将"动情地对我说："李老师待我最好，父母打我时，他就是我的'110'。"……

这样的仁爱不为回报，却赢得回报。

2011年，我们去青海果洛藏族自治州吉美坚赞福利学校采访。那里的师生很特别：学生大都超龄，最大的入学时已42岁；教师大都没有什么收入，却自觉自愿地倾情付出。学生在校园里见到老师，会虔诚地面对他们行走的方向原地站立鞠躬，三三两两，宛若雕像。初见那场面，我的眼泪一下子便涌了出来。在我看来，这样地被敬爱、被珍重，实在是世人所能享受的最高礼遇，亦是孩子们对老师最朴素也最华丽的回馈。

当然，教育的天空也常有寒风来袭。近日，"重点班吹空调，普通班吹电扇"的新闻很吸引眼球。其实，如一位高考状元所言，与按考试成绩排座位、老师的热讽冷言等可能给学生造成一辈子"内伤"的更日常的"软歧视"相比，吹不吹空调等"硬伤害"已是小巫见大巫。

还有，我们早已习惯了的许多"平常事"也与真慈悲相去甚远。比如：为了向来宾展示学校的精彩，而让孩子们在一个地方等待多时，不问风雨、寒暑。这当然不是"以学生为本"，甚至也不是"以参观者为本"，说穿了，就是"以'我'为本"。

商品经济处理问题的核心范畴即"交换"，当这一范畴被泛化、弥漫于教育的角角落落时，教育即被玷污。人与人互为工具，也就只可能有谋略，而绝不会有德行了。孩子们正是在一次次被当成谋求名利的道具中，失去了对人性善的信任与期待。

我想，"好校长""好老师"的标准纵有万千，但悲悯的情怀、仁慈的心肠一定是第一位的。什么是"以慈悲为怀"？就是"每怀恻隐之心，常有仁慈之念"；就是超越任何功利，甚至超越一般意义上的"施爱"，站在对方的角度体会苦乐，"他的苦就是我的苦"；就是将人视为目的本身，除此之外，别无他求。这样同体同舟的大爱不是施舍，更不是交换。她因足够纯净而足够强大，足以让我们在现实的种种诱惑面前，选择守护良心的安宁，舍我为他。

也许我们应该依此对自己爱的确当性重新作一审视。这有点苛刻，但是没办法，我们做的就是一个要比常人更伟大一些、更高尚一些的良心活儿。

"教育当以慈悲为怀"，清淡若水的几个字，却融满化不开的深情，至善，唯美。

（原载《中小学管理》，2012 年第 6 期）

/学校特色建设：我们一起"晒"问号/

现在，各地的学校特色建设如火如荼。大家都在为这事儿忙乎着，培训多多，项目多多，投入多多，期待多多，但"明白人"似乎不多。我等尚懵懂着，即被卷入"运动"，好不困惑！

虽说不能等一切都想清楚了再上路，但若过于盲目，对前提性的问题都一无所思，在众说纷纭中缺少基本的判断，甚至弄错了用力的方向，那么，负效、走偏、迷失、混乱就在所难免。

也许通过"晒"问号而不断追问与反思，是使我们"往明白里走"的好法子。缠绕我们的问号无数，在此只能略"晒"一二。

为什么搞学校特色建设？此问关涉特色建设的价值。经典的说法是：满足社会对人才培养的多样化需求；满足学生个性发展的要求；避免学校同质化，使学校通过追求某一方面的卓越，凸显其附加价值，进而促进办学水平的整体提升。在现实中，目的模糊者有之，为"求政绩"而"搞特色"者亦非鲜见。"求政绩"，必然期待立竿见影、遍地开花，必然造成形式当道、急功近利。特色建设的价值被严重扭曲。

学校特色建设是目的还是手段？从根本上讲，学校特色建设只是我们达成教育目的的手段和途径。既然是手段，就必须服从且服务于目的的实现，而非游离于目的之外，或止步于手段本身的圆满。"唯特色"必然导致特色异化。

我们是求变化还是求进步？这是陶西平同志在谈到教育改革时提出的一个深刻的问题，它同样适用于对特色建设之目的的追问、之效果的评价。变化并不必然导致进步，"为特色而特色"等不求进步但求变化的做法无异于一种"折腾"。

我们的思考基点与评判标准是什么？我们更看重谁的发展？有些校长从学校本位出发，离开学生的发展而求特色，结果造成学校有特色而学生少个性，甚至部分学生被排除在外的状况。对此，有专家的观点十分鲜明：学校特色建设的根本出发点和最终目的是促进每个学生更好地发展，衡量标准是其对学生的发展所作出的贡献。

与高中阶段相比，义务教育阶段学校特色建设的用力点有何不同？高中学校特色建设可围绕人才培养的模式、类型、规格、层次进行，以满足社会对多样化人才的需求。但义务教育的功能是奠基、打底，而非专才教育。因此，在这一阶段，通过特色建设，为学生个性的充分发展、优势领域与发展弹性的强化、全面素质的提升提供肥沃的土壤和良好的环境，应成为我们的基本指向。依此看，即使是围棋、钢琴、剪纸等技能性较强的特色项目，其价值也多在技能之外，我们关注的是学生"发展了什么"，而不仅仅是"学到了什么"。从为学生创造个性发展的环境考虑，在一所学校内部为孩子提供各种类、各样式、各层次的可选择的活动，比发展单一的某一项目的特色可能更为重要。对此，方中雄、褚宏启等学者都有较充分的论述。

学校特色建设是"殊途同归"还是"同途殊归"？褚宏启教授认为，义务教育学校的共性大于个性，优质特色学校之间因其追求的"魂"与"根"相通（都指向学生发展），因此在高位上是相似的，其特色建设可谓"殊途同归"。比较"可怕"的情形是"同途殊归"，即大家用大致相同的手段，把教育搞得五花八门，却没有指向学生发展。

特色建设是从"优势"出发还是从"问题"出发？前者较易实现，因此不少学校选择从"扬长"起步，其局限是有时难以与学校的核心追求、内涵发展及"中枢"领域对接，整体性欠缺；后者以关键问题诊断为基础，将特色建设视为学校对准培养目标，通过特殊的方法或途径，持续解决问题的过程。它的"根"更为稳固，整体性更强，但设计难度较大。

为什么有的项目特色很难提升为整体特色？这是许多学校共同的苦恼。原因可能有二：一是项目本身的教育内涵不甚丰富，与学生全面素质的提升关联不大，因此其延展性、"带动力"较差；二是项目特色建设始终囿于技术技能层面，学校对这一项目之价值、内涵、特质的理解严重不足。在内涵解读方面，顾拜旦的不朽之作《体育颂》堪称典范。

学校特色建设一定要"人无我有"、一定要用一个词语概括吗？特色建设是自觉＋自然的过程。"做特别的事"自然好（绝对的"人无我有"很难）；回到本校情境下，"特别地做事"更为现实。有朗朗上口的词当然好，但未到"火候"生想硬编也实在痛苦。实事求是、注重生成、化繁为简、理性推进，是为当选之路；否则，造出一堆模式化的"特色学校"，岂不是对特色建设本身最大的讽刺吗？

（原载《中小学管理》，2010 年第 8 期）

/ 问题牵引下的课改之思 /

从山西采访回来已有月余，一直没有动笔。除了时间安排的考虑外，更重要的是想静一静，沉淀一下，以使我们在"走进"之后又能"走出"山西，结合我们接触过的其他地区各种类型的课改实践，在一个更宽阔的视域中多方比较，思考一些"更一般"的问题。这让我和我的同伴们常常兴奋不已，聊起来近乎废寝忘食。以下便是我们在诸多问题牵引下生成的课改之思——

怎样在解放教育生产力的意义上，深度理解课改的价值？

教育从本质上说是一种生产性的存在，课程改革通过对现有框架的变革，即通过"革"教育生产关系（其主导性的关系即学与教的关系）的"命"，而解放教育生产力（首先是人的潜能的释放），进而推动教育生产方式的整体变革。张卓玉称之为"哥白尼式的革命"，其所释放出的能量令人震惊！一位校长给我发过这样一条短信："我太感动了！只要我们给学生机会和平台，那么我们要他们多好，他们就有多好，而且他们的精彩远远超乎我们的想象。"类似的激动人心的发现在课改校绝非鲜见。

怎样对课改本身作出评估，何谓"好的课改"？

课改的评估标准可有千条万条，但归根结底就一条：让学生"变好"的课改即"好的课改"。在课改校，最让我们感动的就是听孩子们"变好"的故事。不，与其说"变好"，倒不如说"回归"——"让孩子像孩子"，回归他们原本应该有的模样！当然，在当前的情境下，这种回归首先还是一种被解放、被唤醒后的绽放与伸展，它需要我们自觉地将本属于孩子的权利还给孩子。

应以何种态度看待今天的课改？

我们去过的几乎所有课改校，都向来访者全天候开放所有的课堂。这是一种大气。客观地说，我们看到的课堂远非想象中那样堂堂精彩、节节理想。但问题是，这样理想化的预期甚至求全责备的态度是恰当的吗？如果我们将参考系调整一下——横向看，与原来和它相类似的学校比，纵向看，与它自己的"昨天"比，再如果，我们从这种改革是否符合社会进步的要求、是否符合人性需要的角度来审视它的必然性与方向性，那么，我们还会以一种苛刻的态度要求它立竿见影、完美无缺吗？还会把那些本非由课改引发却又在课改中凸显出来的问题一股脑儿地归咎于课改吗？在我看来，当前的课改，犹如"愚公移山"，还是在通往理想之路上的一种艰难行走，是让学生逐渐体验知识的价值、体验"当下"生活的意义与快乐，进而趋向"审美"的一种跋涉。它需要"留空间""给时间""有过程"。

如何通过课改防止教学的异化，重新理解学校教学的功能？

张卓玉在其专著中为我们贡献的一个重要的思想，即课改"从以讲授为主的'教学'到以探究为主的'教育'，是一场革命。""探究替代讲授，意味着'教育'替代'教学'。'教学'应该是'教育'的辅助形式。"它提示我们，在"人非目的"的课堂，教学可能发生异化，即它作为一个工具性环节，游离于教育本质之外而获得某种独立价值，这种异在价值的膨胀，可能使教学成为一种非教育，甚至反教育的力量。课改对学生主体价值的高度关注，则有助于教学回归其本位。

如何自觉寻求课改的"升级"？

现在，全国因课改"出名"的学校不少，参观者的涌入、各种荣誉的获得以及某些市场因素的介入，使一些学校陶醉于已有的成就，忙于"输出"，而不再寻求主动的"升级"，这样的课改是难以持续发展的。从较为成熟的课改校的经验看，更"高级"的课改至少包含两个特征：一是更灵活、更弹性、更开放。例如：教学模式从"入模"到"脱模"，学案从静态的"有形之案"到动态的"无形之案"，教学要求与学校管理从规范统一到舒张个性……在这种由"紧"到"松"的过程中，课改所具有的"解放人"的价值被再次释放。二是更整体、更生态、更文化。课改的成果已形成一种文化"气场"，其对学校整体发展、对提升学生整个生命质量的贡献愈益凸显；安全、民主、大气的学校文化成为课改最重要的支撑力量。

这种"升级"，同时要求学校重新塑造教师在课改中的角色——使他们从在强力推进阶段因"路径依赖"而难以主动呼应的"被改革者"，变为自觉创造、由外驱转为内驱，并努力在其间实现个人发展的"改革者"。如果教师处于非主体的"工具"状态，那么，学生的自主发展也难以彻底实现。

此外，将"如何学"（课堂教学）与"学什么"（课程建设）结合起来，实现整体推进，特别是增加课程的选择性（课改校在此方面普遍不足）等，也是课改"升级"的必然要求。

如何理解课改在寻找"结合点"上的成功？

在当前的形势下搞课改，必须寻找其与提高升学率的"结合点"。课改校的实践表明：被解放的学生更爱学习，也更会学习，因此，课改后，这些学校的升学率均呈上升态势。这对于从"死学"和"学死"

中解脱出来、带着兴趣而学的学生而言，也是一种实实在在的"减负"。更重要的是，我们还欣喜地看到，这种愉悦、高效、带有研究性的学习方式，已逐渐成为学生把握问题的一种常规的方式、一种"丢不掉"的习惯，它很自然地被迁移到课内课外、校内校外所有的教育教学活动中。所以，课改所实施的课堂上的素质教育，是一种在客观上能够提高升学率，同时又比应试"多出来"许多"好东西"的教育。当然，课改如果仅仅被视为提高升学率的一种"高级工具"，甚或一种作秀，那么，它就彻底背弃了初衷。这是一种可怕的迷失。

（原载《中小学管理》，2011 年第 6 期）

/ 新高考：一道难解的必答题 /

2014 年，注定被载入中国教育改革的史册。是年九月，国务院《关于深化考试招生制度改革的实施意见》发布，新一轮考试招生制度改革艰难启幕。

与以往不同，这是一次深具"国家战略"意义的"指挥棒之变"；是为了回答"我们究竟要培养什么人、怎样培养人、为谁培养人"等根本问题，通过"动结构"而适应"新功能"，进而实现"学、教、考、评"等一系列目标升级的真改革。

这种由"逻辑起点"的调整而掀动的综合质变打破了 1977 年恢复高考以来我们早已习惯了的一切，自然矛盾丛生，乱象多多；但同时，亦可见智慧奔涌，希望荧荧。一切都在"问题—问题解决—新的问题—新的问题解决"的开放式探索中生成、创造、成熟……

近几年，出于职业偏好，我对身处改革一线的基础教育管理者，特别是校长的实况多有关注。无疑，新高考是在教育发展"尚不均衡、不充分"，资源、技术、心理准备均显不足的背景下推进的，这对校长的领导力，特别是其领导复杂的变革性实践的能力是一个巨大的挑战。四年来，面对这道难解的必答题，各地的校长们以行做答，差异显见。这让我们不能不感慨，对校长而言——

新高考是一种真实、严苛的"价值考验"。新高考将我们常挂在嘴边的"以学生发展为本"等先进理念置于从未有过的高利害境地，并成为一种可见可感的显性存在。改革伊始，学校面临的绝不仅仅是教师、教室等资源不足的困难，更重要的是价值选择的考验。比如：

在"学生端"和"学校端"何者优先的两难抉择中，一些校长（甚至一些局长）出于短期功利的考虑，作出了与改革的基本主张背道而驰的价值选择。各种以牺牲学生的长远发展为代价的"巧妙算计"，甚至各种古老的"经典智慧"都被派上了用场，工具与价值严重背离，政策实施大打折扣。

可以说，新高考是以一种特殊的方式，考验着我们对使命的忠诚与担当。同时，它也一再提示我们：只有把"为学生终身发展负责"作为优先价值，使其真正入心入情，我们才能不断拉近从"知道"到"做到"的距离，使自己在种种现实的拷问面前恪守初心，确保改革沿着正确的方向前行。

新高考意味着学校必须做好"放、管、服"的管理创新。新高考带给学校管理的难题首先源于考试科目设置的"放"，即放开学生的选择，结果由文理两种组合，变为20种甚或35种组合。"游戏规则"的这种结构性变化，在引导学生由依分选校的"分层次追求"转向适才适性的"分类化发展"的同时，也"逼迫"学校不得不从"计划"走向"市场"，面对从未遭遇过的不确定性。更重要的是主体之变，学校由绝对的控制主体、计划主体，转而成为随学生自主选择而变的服务主体。在全新的背景下，不少校长体现出极强的变通力与创造力。他们的"管"，是为"放"而"管"，为"服"而"管"。这样的"管"，保证了"放"之有序、"服"之有效。

新高考是对校长整体把握、系统思考能力的一种综合历练。新高考是一项真正的系统工程。从横向上看，它所牵动的是学校内外管理全要素的变革，包括课程、教学、学生、教师、德育、评价、后勤、家校、环境等；从纵向上看，其强大的"传导效应"，必将带动包括小学、初中在内的整个基础教育的改革与创新。可以说，新高考改革所呼唤的是一种纵横交融、全域打通的整体变革，而这一变革过程是对校长整体把握、系统思考能力的一种综合历练。它要求校长统筹考虑具有内在联系的若干重要问题。比如：如何实现新一轮高考改革与中考改革的协调推进？如何将新高考改革与高中课程改革，以及与落实新修订的高中课程方案、学科课程标准有效对接？如何将"学、教、考、评"几个环节彻底打通？如何将新高考改革与巩固本校已有的课改成果、强化本校特色发展有机整合，保持各项改革的一致性？等等。

新高考需要在复杂情境中准确预判、科学运筹，以求最优解。"新高考"意味着一系列"旧套路"的失灵，而在改革初期，支撑、支持新系统的力量颇显不足，且良莠难分、情境复杂。这对校长的判断力、运筹力、创造力和决策力都提出了严峻的挑战。新课题层出不穷。比如：无论是做生涯、选科、走班、排课，还是做资源评估、成绩分析、综合评价，高技术的专业支持都必不可少，社会上大批开展相关服务的公司应运而生。于是，在鱼龙混杂、竞争无序的教育技术服务市场中，如何选择一家值得托付的，兼备教育情怀与专业品质，拿产品说话、靠质量生存，而非靠华丽的包装忽悠叫卖的优质服务商，就成为摆在校长面前的一道难题。一些校长注意多方比较、反复甄别、谨慎选择，甚至要来账号，亲自测试，或现场排课，几家比拼。又如：一些校长对改革趋势与动向的把握极为敏锐，预判准确，行动及时。如他们观察到，近几年，优质高校生源"入口"有变，仅就2017年的数据看，北京大学在浙招生200余人，"裸分"仅12人；清华大学在浙招生150人，"裸分"仅15人；"三位一体""自招"等占比越来越高。于是，"嗅觉灵敏"的他们在为学生搭建多样化学习与发展平台、拓宽学生升学"出口"等方面创造性地推出了很多行之有效的举措。再如：海南省以及北京市东城区等统筹推进区域高考综合改革的做法，也极具领导智慧与示范意义。

新高考是一道开放的、难解的必答题。因此，我们要特别感谢各地学校奉献的异彩纷呈的多元解法，同时也真诚地期待您的精彩做答！

（原载《中小学管理》，2018年第8期）

/"美化"还是"文化"? /

　　第 N 次去北京二中，每次去都有很"过瘾"的感觉。近 300 年的建校史，使它显得足够厚重，但又让人常见常新。这次"刺激"最深的是钮小桦校长不经意间说出的一句话："我们在设计学校空间时，是追求'美化'还是追求'文化'"？揣着这个问题，我重新细细"打量"二中的空间，尽管用了小半天的时间也只走了不足 20% 的地方，但我已多多少少从中品到了二中的角角落落所特有的"文化味道"。

　　综合楼地下一层是最有"看头"的地方。先从钮校长最为得意的"教师博物馆"说起吧。

　　2005 年年底，受协和医院将"病例展"作为院庆重要活动的启发，北京二中在京首建"教师博物馆"。馆舍虽小，但馆藏丰富：有教师的教案（很多教案已经泛黄）、笔记、著述、家访记录；有不同时期的试卷和教师自制的教具；有不同年代使用的教科书；有行政组获得的奖杯、奖状，有会计室用过的老算盘、会计科目章，有伙食组留存的老饭票；有上世纪 70 年代学校使用的手动铅字打字机，80 年代教学用的收录机、幻灯机，90 年代使用的编辑机；有原语文组组长、著名作家韩少华等人出版发行的文学作品；还有大量的课堂实录资料片、校园电视新闻和专题片、记录学校精彩生活的照片……现在，二中所有的教师都至少有一件个人教学藏品存在这个博物馆中。

　　"教师博物馆"旁是"学生博物馆"。那里藏有二中各个时期的校徽、学生证、学生记分册、毕业证书、奖状、学生自编的小报和参加课外活动的材料。馆中设有"二中作家群"作品专柜。此外，还有不同年代学生的书画作品和照片，以及学生的课堂学习笔记、作业、试卷、手工作品……

阅览室外的墙壁上是"北京二中学生手迹展"。无论是一张答卷还是一篇习作，只要学生自己满意，都可以送来参展；观展的学生可以在展品上贴上字条加以批注或评价。

这层楼中，最让我感到震撼的是楼道墙壁上贴满了各届学生的毕业照（最早为1922年）。除了"文化大革命"时期的几届，其他各届都基本收集齐全。

"以前的学生"除了有"群像"外，还有一些"特写"，如从维熙、刘绍棠、舒乙、韩少华等十余位作家，以及焦菊隐、张之、李亚林、金志扬、瞿弦和、濮存昕等十余位文体大家的照片和简介，分别被展示在"二中作家群"及"二中文体星"的主题墙上。

与综合楼空间环境相互辉映的还有教学楼一层的"每班一柜"（各班学生自选主题布展）、科技楼"金工木工工作室"外的学生作品柜以及"建筑及其设计工作室"里摆放的学生制作的精美的四合院模型……

在我走过的学校中，像北京二中这样承载着文化价值的校园美景还有很多：北京师大二附中小草坡上那刻着每届毕业生人数与时间的一块块小石板，四川成都金沙小学印满孩子们"小脚印"的一块块泥砖，山东济南经五路小学埋有20个"时光宝盒"（学生毕业典礼时写下梦想，相约十年后相聚时开启）的"时光之路"，山西新绛中学长达百米的"学习报告"展示墙，江苏无锡育红小学的"心愿瓶"（装入孩子们入学时的心愿，学生毕业时开启），浙江义乌溪华小学"棋径通幽"的"棋文化"小路，忘了是哪所学校墙上贴着的教师童年时的照片，以及许多学校都摆放的学生培育的花花草草，还有洒满阳光的"笑脸墙"……

这些嵌入精神内涵与文化意蕴、由师生"自产"亦属于师生的校园胜景，使校园硬件变得柔软，使冰冷的水泥溢满温情。她"让主人说话"——"说"主人想说的和主人想听的"话"；她让每个在这个"家"生活过的人都留下痕迹——让他们记住学校，也让学校记住他们；她是开放的、流动的，是可以对话、可以呼吸、可以触摸的，也是可以连接昨天、今天与明天的"教育故事"，延续文化血脉。

这样充满生命感、绽放过程之美的物质环境是一种可以滋养人心的"文化"，而非囿于摆设、装饰甚至粉饰的"美化"。

"空气养人"是北京二中的办学理念，当从"空间养人"做起。我想，这应该成为每所学校的自觉追求。

（原载《中小学管理》，2011年第7期）

/ 幸福的"活法" /

多年前，我极偶然地"撞见"他博客里的"乱翻杂志"，于是，记住了他的名字——张菊荣。

2009年，汾小诞生，菊荣去做了校长。他选择了一种最有教育味道的学校发展方式与教师成长方式。四年间，以研究见长的他，成功地将自己的个体之"长"，延展、衍变为群体之"长"；将自己认定了的最"管用"的成长方式"传染"、传递给教师。寻真问题—做真研究—得真成长，在汾小的发展轨迹中，这样的逻辑线条至为清晰，也至为美丽。因此，虽然汾小名不见经传，但在找心里，她却具有某种符号性的意义：学校就该这样"行走"，教师就该选择这样的"活法"！

如果用一句话来表达这样的"活法"，那便是"过一种饶有兴致的专业生活"。"专业"，意味着不可替代，意味着在这一领域，你比别人懂得更多、做得更好。无疑，它需要以研究为支撑。可贵的是，汾小人把这样的研究视为一种"生活"，一种常态化的存在，而非某项"工作"或"任务"。这种全时空的沉浸，使汾小人有机会体验到与思想亲近的那份至高的享受，体验到亚里士多德那句名言——"上帝所做的、胜过一切想象中的幸福行为，莫过于纯粹的思考"——的精辟，体验到"饶有兴致"地做事的甜蜜滋味。

也许，做研究的感觉就是这么奇妙：入门时很难、很累、很烦，极"耗脑子"，且无"立竿见影"的可能，所以，"磨""刻""恒"是菊荣这几年使用的高频词；但一旦进了门，积累到一定程度，便会有"井喷"（汾小闵荣生老师语）或者"要爆发"的感觉（1998年我采访李镇西时，他如是说）。那可是一种"以几何速度生长"的概念啊——思想一个劲儿地往外冒；放眼望去，遍地都是真问题、好选题；随时随地，自己都可能因研究而兴奋不已，两眼放光，不吃不睡……这样的研究即扎了根的研究、渗透到血液中的研究、获得了内在动力的研究、成为生活本身的研究。如此，我们收获的绝不仅是几篇论文，而是整个精彩的教育世界。

要达到这样的境界，非"去功利化"不可。一次，我问菊荣："你是特级教师吗？"他答："我没有什么头衔，从来没为头衔奋斗过，也没有后悔过。如果按照一般人的思维，我是完全用不着写一个字的，更用不着这样辛苦地带着老师们做研究，但我就是喜欢琢磨这些东西，有什么办法？"又有一次，他告诉我："我们正跟着崔允漷老师做'教学评一致性'的研究呢，很是兴奋，不能自拔！"我很感慨，因为我知道，在"有课题、有项目、有论文，甚至有专著，但唯独没有真研究"的现象已相当普遍的今天，"真的不为了什么，就是对事情本身感兴趣"的人有多么稀缺！也许，做到一定份儿上，研究便成了一种信仰，很纯粹，很干净。

如此做研究，使汾小具备了"研究型组织"的雏形。这样的组织不囿于一般的"学习"，而是"以研带学"，将"学习"引向更深层次的"研究"，最终指向具有创造性和生成性、直面复杂教育现实的"问题解决"。这样的组织致力于实现理论知识与实践知识的相互滋养和自然转化；致力于使教师不仅成为知识的消费者和拥有者，而且成为知识的生产者和贡献者；致力于探索知识管理的有效途径，使知识在流动中增值；致力于帮助教师养成在原理与价值层面思考、喜欢追问"为什么"的思维习惯；致力于将教师带向更广阔的精神世界，使他们不断超越自己的发展边界，建立良好的自我概念，获得对职业价值与自我价值的高度认同，获得一般教师所无法享受的专业尊严与专业自信。这样一个有底蕴、有内涵、有力量的组织，一定蕴含着无限丰富的发展可能。

（原载《教师博览》，2013 年第 9 期）

/"研究"是需要研究的 /

前不久，我参加了北京市海淀区中学教育科研工作现场会，会议主题是分享北京市十一学校"项目研究——从我们的'痛'开始"的实践智慧，包括项目组使用头脑风暴、鱼骨图等方法进行项目研究的做法等。我想，类似的经验分享之所以吸引人，其重要原因之一就在于："研究"是需要研究的，亦即"中小学如何有效地开展教育科研"这个问题本身就是很有现实价值的研究课题。

面对这一课题，我尝试使用北京十一学校的做法，追问："当前中小学教育科研最大的'痛'在哪里？"我认为，最人的"痛"不是经费不够、方法不当，而是动力不足。现在，几乎没有哪一所学校不在努力构建学习型组织、不在倡导教师搞教科研的，但校长们可以扪心自问："在我们学校，'研究'真的发生了吗"？记得十多年前朋友的女儿上小学时，她的班主任就曾请我"帮忙"，以完成学校对每位教师提出的每个学期交 5000 字学习与科研笔记的任务。现在，我还清晰地记得那位老师的无奈："我们每天都快忙死了，哪儿有时间搞这些，再说，这有什么用？"我想，这绝非个别现象。在我看来，这种"假研究"较之"不研究"更为可怕，因为它不但于学校、教师发展无益，而且还会产生一些"负效应"，至少会增加教师无谓的负担。

所以，北京市十一学校从"痛"开始进行项目研究、推动学校教科研工作的意义至少有一条，就是较好地解决了教师进行教科研的动力问题。动力源于需要，有了真实的需要，教师就有了兴趣，而有了浓厚的兴趣，具体的方法和技术等就不再是什么大问题。据我所知，不止一位在偏僻的农村地区、几乎没有获得任何方法指导的普通教师，出于对教育实践问题的浓厚兴趣而进入持久的"琢磨"状态，最终成长为全国知名的专家型教师。

当然，从"痛"开始推进教育科研还有很多意义。比如：它有益于彰显尊重教师的专业自主、为教师提供最大的学术自由空间的学校文化的价值。因为每个教师或每个团队的"痛"都不同，所以，从"痛"开始的研究会呈现出非常丰富的状态。这种百花齐放、民主的研究氛围，是造就具有鲜明的个性风格的教师或教师团队的良好土壤。我们期待，更多的学校从让教师一概服从划一的行政要求或校长的兴趣和偏好的教科研管理中走出来。唯此，教师才能摆脱"被科研"的状态。说到这儿，我不由得想起最近发生的一则对中小学而言也带有某种象征意义的新闻：山东大学校长徐显明为了"给学术更大的自由，推动行政权和学术权分离"而退出学术委员会。他说，要想实现行政权和学术权的分离，就要树立一种理念：在大学，权威不是校长，而是教授、学科带头人。

参加上述现场会后，我想表达的对中小学教科研的建议有三：

第一，在寻找"真问题"上下工夫。北京市十一学校从最"痛"处切入教科研问题的做法值得我们借鉴。不过，我们需要同时注意的是，有时，"真实的"问题未必是"真正的"问题，就如同腰椎间盘突出患者在此病的急性发作期最大的"痛"出现在腿上，而真正的"病"在腰上一样。所以，有时我们需要借助专家的力量作出专业的判断，从表面的"痛"中剥离出"真正的"、有质量的问题。

第二，鼓励教师做持续性的研究。不少成功的研究型教师的成长都得益于他们几年甚至十几年执着于对某一重要问题的研究。不少成功的学校也得益于此，如北京一师附小20余年专注于对快乐教育的研究，成为全国的示范。我们知道，每个课题都有一个不断深化的"问题串"，持续性地对此进行探究，我们的教科研就能不断升级，我们的研究者——即便是普通教师，也会成为某一方面的专家。

第三，尝试增加研究团队的异质性。现在，中小学教科研团队的组成大多是同质性的，如成员来自同一个教研组、年级组或备课组。

一种新的学习机制与学习方式——"教师实践共同体"的重要特征之一，就是它的"跨边界性"和异质性（打破正式组织的框架，突破自我身份认定）。这样，可以增加研究的开放性，更有利于新知识的产生。

（原载《中小学管理》，2011 年第 5 期）

/关注学校的"关键事件"/

就像每个人在成长中都会与一些"关键事件"相遇，并深受其影响一样，每所学校在发展中也都会自然产生或有意"创造"出一些"关键事件"。如何挖掘这些"关键事件"的独有价值，寻找其对学校发展的意义，考验着校长的领导智慧。

陶西平先生在为我刊撰写的一篇"絮语"中，谈到贵州荔波县茂兰小学对学校某个"关键事件"的处理："2009年6月，我和国家督导检查组的同志们到贵州进行'双基'检查……学校（茂兰小学）在校史展很显眼的位置布置了一个专栏——'荣誉与失败'，其中谈到，在一次省和州的检查中，学校因学生宿舍卫生较差，受到县教育局的通报批评，并被取消了'常规管理示范学校'的称号。展览不仅记录了事件的过程，还作了说明：全体班子成员作了书面检讨，并进行了整改。他们还在展板的醒目位置写道：'这是茂兰小学历史上一次重大的管理事故。'在面对如此重要的检查评估时，他们却毫不隐讳地展出了校史上并不光彩的一面。虽然展板上所述之事是负面的，但这块展板是我见过的最光彩夺目的一块。在这里，我看到了诚实，看到了进取，看到了大气，看到了自信，也看到了什么是教育。"

安徽马鞍山二中汪正贵校长在《管理者和学生的视角差异究竟有多大？》（《中小学管理》，2012年第7期）一文中，记述了由一个"关键事件"而引发的思考。2012年元旦，学校发布了"官方版"的"2011年学校十件大事"。不久，学生会公布了全校学生参评的"学生版"的"学校十件大事"。结果，两者仅有35%的吻合度。其中，在学生那里位列头条的"每周五成为自由着装日"，压根儿就没进入管理者的视野。在对学生眼里的几件大事逐一分析后，作者追问："是什么造成我们和学生看问题的差异？究其根源，乃是视角不同。管理者更多的是俯视，是远观，是自上而下，有时甚至可能是偏视、漠视；而学生们更多的是内视，是平视。"由此他提出"放下身段，借用学生的一双慧眼，重新打量我们的学校，改善我们的管理"的主张。他聘请了两位学生助理，与他们定期讨论工作，让他们参加学校行政会、列席学校涉及学生问题的各种会议，以各种方式收集学生的意见和建议……

再来看北京实验二小有关教学的一个不大不小的"关键事件"：华应龙老师在出的一道期末考试题中，用了"大约"两个字，引发一位学生家长对此题评分标准的质疑。最初，华老师为自己没有仔细推敲"大约"二字而后悔，没想到，这事引发了全校性的大讨论：行政会上，六年级组先将这个案例呈现出来，并作了"'求真'的思考"的发言；之后，大家各抒己见；最后，李烈校长竟然就这件"小事"作了近一个小时的发言，并将讨论引向对"学生为什么没有建立起基于生活实际的空间概念、为什么没有即时质疑、'近似值'等知识的价值何在、小学数学的意义何在"等深层次问题的追问。

其实，类似的"关键事件"各校均有发生，关键是我们有没有对小事件隐藏的大问题、大道理的敏感，有没有通过小事件解决大观念的意识。从这个意义上说，有了大视界、大关切，才能有小敏感、小细腻，才能在"关键事件"出现时，将其视为绝佳的管理资源与契机，抓住不放。

"关键事件"之所以"关键"，是因为其承载着重要的价值因素。有的价值因素是外显的，而更多的价值因素是内隐的，所以需要我们去"揭示"、去"深挖"，挖到痛处，在痛中求理。在"深挖"的基础上，有时我们或许还需要"小题大做"，甚或"创造"一些"关键事件"，并适度放大、扩散、延伸其价值，促其固化、沉淀为学校精神文化的因素。

我们看到，一些高明的校长总会巧妙地从大家共同遭遇、鲜活可感的"关键事件"入手，一步步升华其管理价值与教育价值。他们总能找到更"上位"、更触及本质、更带有普遍意义的那个"理"，进而使大家关注的目光超越事件本身，超越个体在当下的是非得失，甚至不囿于某种"共识"的达成；他们所希求的，是在价值澄清、价值引导下，改变观念，改造实践。

如此，围绕"关键事件"所发生的一切，也就成为学校自我认知、自我批判、自我教育、自我修复，进而获得自我发展的过程。

（原载《中小学管理》，2015 年第 3 期）

有多少教育可以重来？

认识浙江省温州市建设小学校长陈钱林的人，没有不羡慕他的：天赐一对龙凤胎，女儿陈杳16岁即成为南方科技大学首届教改实验班的学生；儿子陈杲未满14岁就被中国科技大学少年班录取，在读期间，数学成绩全校第一，18岁即到美国读博，师从国际数学最高奖"沃尔夫奖"获得者沙利文教授。

令人深思的是，两个孩子的成功在很大程度上得益于陈校长在家庭教育中所做的自主学习，特别是自主作业实验。

陈杲从小学开始自主学习，两次跳级升入中学后，上午到校上课，下午在家自学，作业自主选择。这样的"另类生长"使他较少受到极端应试的扭曲和污染，更多地呈现出孩子作为"天生的学习者"的一种自然状态。中科大曾因课题之需，邀请美国威斯康星大学陈秀雄教授对少年班的几位学生进行面试，虽然陈杲与其他同学一样没有做出难题，但他却成为唯一被选中的人。陈教授对陈钱林说："你的孩子了不起！我观察，大部分孩子虽然很聪明，但求同有余，求异不足；做不出题，就感觉很失败，脸红、出汗。而陈杲求异思维很好，且心态平和。做学问就要这样，既有上进心，又有平常心。"中科大少年班学院原院长陈卿老师也坦言："聪明的孩子多的是，但像陈杲这样'原生态'的孩子，我们十年才碰到一个！"

某高中进行超常教育实验多年，教师普遍反映，实验班招收的学生虽然智力条件好，但应试痕迹已难以抹去，许多思维方面的毛病已经很难"扳"过来。

这让我很感慨。课改推进十年有余，但"应试教育"依然"毁"人不倦。无论是陈杲、陈杏相对"逃离"后的成功，还是实验班孩子深深"陷入"后的无奈，都使我们对教育现状的思考变得更加凝重。也许一切的一切都因为，基础教育于每个人而言只有一次，经历了什么，也就留下了什么，一辈子都难以修复与弥补。想到此，我们便不能不慨叹：有多少教育可以重来？

莫言有言："文学和科学比确实没有什么用处。但是它的没有用处正是它伟大的用处。"教育亦然。"急功"，必难获"远利"。也许正是眼前直奔"高分""标答"的种种"有用"，才使得教育越来越远离它"伟大的用处"。孩子们习于揣摩权威的意图，而无心谛听真理的声音；他们在求全责备中长大，必然过度关注细枝末节，而疏于探究；那些近乎"条件反射"式的训练，至多只是在对应于感性的"信息"层面徘徊，而与对应于知性的"知识"、对应于理性的"智慧"无涉，在这里，"学习"并没有真正发生；在固有的框架中，一切都是确定的、线性的、封闭的、唯一的，且必须可丁可卯、严丝合缝，十几年下来，孩子们便全然丧失了寻找"有意义的差异"（我对"创新"的理解）、寻求对事物作新的解释、寻遍所有可能性的意识与能力，思维钝化了、死寂了、凝固了，"奴性"疯长，"定式"扎根，潜在的思想者变成了机械的匠人……

只有寻求"革命性的突破"，沉疴难愈、广受诟病的基础教育才能摆脱走向绝症的厄运，获得新生。这种突破不是对传统教育的绝对"清空"，也不是方法与技术的单兵冒进，而是通过解放教育生产力而向教育本质的一种回归。

我们看到，所有成功的教育改革无不以行动宣示其坚定的学生立场，这无疑是一种最重要的回归。只有让学生在一种"打开"的状态下成为自觉、自律的学习主体，让他们的思维"欢实"起来，求异、创新、独立思考以及真正的"轻负高质"才可能实现，群体激智、团体体验、不受约束的讨论等等被创造学证明了的有效方法的运用才具备现实的基础。

已故北京特级教师孙维刚在长达 20 年的教改实验中创造了诸多奇迹。他带的班，三分之二的学生入学时成绩低于区重点中学分数线，而毕业时，40 名学生中，22 人考上北京大学、清华大学。他的学生课前不用预习，课上没有笔记，课后没有作业，初三即学完高中三年的数学课程。他的"妙招"就是充分解放学生，造就"强大的大脑"。他创造了解题的"三级跳"：一题多解、多解归一（寻求共性）、多题归一（寻求规律）。几乎所有定理、公式都由学生自己推导，几乎所有大块的时间都用于学生各抒己见、展开论辩……这样带有强烈的探究和发现意味的"高阶学习活动"，是学生形成以"创新能力、问题求解能力、决策力和批判性思维能力"为核心特征的高阶思维的重要基础与载体。

近年，类似的改革如星星之火在各地燃起，我们期待，它能早日呈现燎原之势。到那时，我们才有可能不再那样沉重地叩问——"有多少教育可以重来？"

（原载《中小学管理》，2013 年第 1 期）

/教育的"奥康剃刀"/

哲学上的"奥康剃刀"一词很有意思，讲的是公元 14 世纪，英国奥康人威廉对当时无休无止的有关共相、本质之类的争论极为反感，认为那些空洞的论辩都是无用的"累赘"，应无情剃除。其主张可简括为"如无必要，勿增实体"；要义为"对于现象最简单的解释往往比较复杂的解释更正确"。

在中世纪，"奥康剃刀"促进了科学和哲学的解放，为欧洲文艺复兴和宗教改革作了重要铺垫。而今，它历经几个世纪的磨砺，愈益锋利，其所主张的思维经济原则早已超越原有领域的局限，具有了更广泛和深刻的意义。

在我们今天的教育管理中，"奥康剃刀"亦大有用场。

比如：北京市十一学校李希贵校长曾经对某市六所学校共 101 次办公会的主题进行了调查，结果发现，常规性工作所占比例为 78.2%，研究学生教育问题所占比例不足 1/4。北京教育学院的一项调查表明，80.8% 的校长经常在下班后还要开行政会，"不重要却紧急的事"占据了其大部分时间。还有，当今改革之风强劲，其间"加法"甚多，"鼎新"却未"革故"；而与"新"相伴的，往往又是一套套烦琐的制度、一条条繁缛的规定。我们在复杂中迷失，被外来的以及自制的种种麻烦压得喘不过气来。

凡此种种，是不是该请威廉先生用他的"剃刀"好好剃一剃呢？

建立"无情地剃除所有累赘，保持事物简单化"的理念无疑是"奥康剃刀"给我们的最重要的启示。所谓"累赘"，即不合目的之物、非本质之物。要剃除这些"累赘"，需要我们不停地追问：我们这样做，符合教育的本质要求吗？是必要的吗？如此改革，真的有利于学生发展吗？（在今天，对改革本身的检视与质疑十分必要，因为说到底，任何改革都只是一种工具。）当然，仅仅有追问是不够的，我们还必须保持内心的潇洒与澄莹，以足够坚定的信念，抵御急功近利可能带来的种种现实利益的强大诱惑。因为太多功利的考虑、太多形式的迁就已使我们背负种种"累赘"，在异化之路上越走越远，背离了目的与规律，也背弃了自己内心的渴求。

剃除"累赘"，"意识"为先，"技术"无限，此处略举一二。

优化组织目标。有句话说得好："知道自己想要什么的一半是知道自己在得到它之前必须要舍弃什么。"学校应对多种可能的发展目标作出筛选，始终将组织资源集中于自己的优势领域，追求某一方面的卓越，有所为，亦有所不为，避免因目标过于宏大或分散而耗费精力、顾此失彼。

遵从科学规律。2008 年高考前半个月，杭州二中允许高三学生早晨 7:00 起床，而后听听音乐、散散步、踢踢毽子、打打小球，8:30进入教室，高效复习。午饭后，鼓励学生午休或在学校"泡音乐吧"。13:40～14:40 组织学生"头脑风暴"，15:00～17:30 高效复习。叶翠微校长说，如此"有收有放"，可以更好地保证学生在"双峰"时段达到高峰状态，这是对"双峰现象"等科学研究结果以及对学生学习规律的尊重。这种遵从科学规律的管理可以剃除违背规律之举，减少盲目性，使我们少为无谓的冗务而累，更经济、高效地做事。

简化组织结构。组织结构扁平化与非层级化是组织变革的一个基本趋势。它可以减少决策的中间环节，提高组织管理效率。同时，网络化、即时式的双向沟通，还可以有效地剃除上下级之间单向传递信息所可能产生的种种"累赘"。

牢记"要事第一"。一些企业管理专家认为，管理者应把 65%～80% 的时间花在"重要而不紧急"的事情上。有研究表明，CEO 的典型时间分配是：40% 用于考虑战略问题，40% 用于与外界打交道，20%用于处理日常事务。那么，我们校长用于拓展性、发展性等"要事"的时间和精力是多少呢？本应通过建立制度而加以解决的常规性问题是否在我们的日程表上占据了不该有的重要位置呢？我们不妨自查、自析。

用好"奥康剃刀"需要策略，更需要境界。正所谓"简单管理本身并不简单"。也许我们可以这样说：谁能够在管理中娴熟地使用"奥康剃刀"，谁就达到了对事物真正的掌控，获得了一种实实在在的自由。

（原载《中小学管理》，2009 年第 1 期）

/我看"好关系"/

说到底，人是一种社会性的存在，所以，"关系"对人来说极为重要。美国两位心理学教授经过 20 年的研究，总结出影响人寿命的决定性因素，公布了"长寿关键要素排行榜"，其中"人际关系"名列首位。研究表明，人际关系对人的健康的重要性远远超乎人们的想象，它可能比吃水果蔬菜、经常锻炼和定期体检更加重要。

学校是人际高频交往的特殊场域，所以，"关系"的重要性不言而喻。北京市十一学校非常重视学校诊断工作，专门设立了"学校诊断中心"，其诊断的核心要害即"关系"，包括师生关系、干群关系、同事关系、同伴关系。其中，师生关系被视为核心的核心。如在针对教师的十余个诊断指标中，"这位老师是我本学期最喜欢的老师之一"成为教师最看重、最在乎的一个指标。一次，我到北京市十一学校参会，正巧碰上李希贵校长与几个学生共进午餐。我发现，他问孩子们的第一个问题就是："你最喜欢哪几个学科？是哪位老师教的？为什么喜欢？"

关于学校中的"关系"，学者们也有一些说法值得我们咀摸。比如：佐藤学说，他发现，构建教师之间的同僚性已经成为左右学校成功的关键因素；威廉·F. 特纳说，学校中"生命的关联性"决定了"课程的关联性"……

那么，何谓"关系"？《现代汉语词典》的解释是："人和人或人和事物之间的某种性质的联系。"我理解，"关系"是积极的还是消极的、具有正面效应还是负面效应，即取决于这里所说的"某种性质"。

显然，本文难以承载对这种"性质"的系统研究，因此，只能就学校中的"好关系"（大意为正面的、积极的、良好的关系）作一点主观、感性的描述——

"好关系"一定生长在"安全"的环境中。脑科学研究表明：安全性信息是"第一等级的信息"；威胁自身安全的信息将最优先被大脑加工。这提示我们，"安全"是一切之前提。雷夫多次强调，"56号教室"并没有比别的教室多出什么，只是"少了一样东西——害怕"。"少了害怕"，多朴素而深刻的表达啊，它一下子便道出了一间好教室、一所好学校最基本的属性——"安全"。有些校长宣称"我校是和谐的家园"，但深入其间你便会发现，那里的师生活得很"紧张"：教师不得不包裹自己、防备同伴、取悦领导，小心翼翼，甚至战战兢兢，唯恐自己的所作所为不对校长的心思，不合同事的胃口；孩子，至少是部分孩子生活在一个让他们感到害怕的教室，毫无快乐可言。我想，这样的学校，无论表面上多光鲜，都与"和谐"无涉、与"家园"无缘；那里，根本不存在"好关系"生长的基本土壤。

"好关系"一定是自然、简单、干净、纯粹的关系。"关系"可以最复杂，也可以最简单。人赋予它的功利目的越多，它就越高利害，越需要人想方设法地去"搞"；而越"去功利"，越不想以此来换取什么利益，它就越自然、越简单、越干净、越纯粹。我相信，"好关系"一定是后者，它能让我们以自己最本真、最松弛的状态面对彼此，并享受那种高贵的幸福。

"好关系"一定是"好人性"的自然映现。我见过无数个与师生有着至亲至密的"好关系"的"好校长"，而这样的"好关系"无不源于他们的"好人性"。我想，学校是人性袒露的地方，那些让我感动到底的"好校长"们的至善，他们对教师的"懂得"、对孩子的心疼，以及师生对他们的无限热爱，都不是他们自己宣示的，而是洋溢在整个校园之中，写在每个师生脸上，编不出，也装不来。他们许多高妙的管理之举、创造的人际和谐之美，都远远超越了智慧的范畴，抵达了只有人性的光辉才能抵达的地方。

"好关系"一定是以价值与文化为支撑的。"关系"是一种文化的存在。所以，"关系好"不一定是"好关系"，后者在本质上有赖于一种价值认同，即它一定是以关系双方都认同某种积极的文化、理念为支撑的。在为共同的理想和愿景而一起摸爬滚打的过程中"锻造"出来的"好关系"，是至为坚实与持久，且具有内在黏合力的。

（原载《中小学管理》，2014 年第 3 期）

/返本・求真/

"你不可轻视小孩子的情感！他给你一块糖吃，是有汽车大王捐助一万万元的慷慨。他做了一个纸鸢飞不上去，是有齐柏林飞船造不成功一样的踌躇。他失手打破了一个泥娃娃，是有一个寡妇死了独生子那么悲哀。……他想你抱他一会儿，而你偏去抱了别的孩子，好比是一个爱人被夺去一般的伤心。"每每品读这段文字，我都会为陶行知先生那"将自己变成小孩子"的本领而叹服。这种本领源于至真至纯的深情，也源于卓荦超伦的修炼。陶行知先生等被人们尊为典范的教育大师们的所言所行一再昭示我们：不但要"走近"小孩子，还要"走进"小孩子！那里不仅有文章可做，而且能做出大文章。

为教者要研究学生本无须论证。因为教育首先是人学，研究学生是教育题中应有之义；教育的基本功能即引导和帮助学生顺利完成其社会化，而引导学生的前提是了解并懂得学生。然而，令人悲哀的是，由于受到多种因素的干扰，这个在逻辑上并无疑义的问题却成了现实中亟待解决的问题。比如：我们今天的教育在很大程度上受到功利主义教育观的左右，这种教育观使教育者与被教育者在本质上成为一种工具关系。在此背景下，对学生的"真研究"成为一种奢谈。于是，便有了"返本"的问题——让教育回归本然，让我们以对学生发展高度负责的态度，用发展的眼光研究发展中的学生。

接下来的问题便是，我们对学生的研究如何最大限度地"求真"。

"求真"的前提，是我们在学生研究中要尽可能保持价值中立或价值无涉，做一个开明的、开放的认知者。我们的内心只有足够辽阔，才可能包容不同的研究对象。否则，不排除偏见或成见，我们的研究在初始阶段，即在设计问题时就可能不再真实。比如：如果以 20 世纪50 年代的眼光研究 90 后，那么，我们可能连一份有信度的问卷都设计不出来。

"求真"要求我们对学生的研究，由探究一般性法则、对事物做抽象的分析跃进到探究"具体的真理"；理解共性，把握个性；由面向"这一批"转向面向"这一类"和"这一个"。我们知道，人对客观事物的认识是由"感性的具体"上升为"理性的抽象"再上升到"理性的具体"的过程。对中小学校长和教师而言，把握"理性的具体"是一种特别有意义的研究。因为学校教育最本质的关系是实践关系，而实践本身即以达成合目的性与合规律性的具体的统一为鸿的。在现实中我们会发现，诸如"多阅读有利于青少年成长"等抽象的命题在某些情况下并不具有真实的合理性。如一位高二学生就曾向我描述了他们班上一位男生的情形：这位读了不少现代西方哲学、文学等方面的著作的同学，竟在课堂上公开宣称"我最快乐的事就是看到别人不快乐，我的理想就是追求功名利禄"。同学们闻之愕然。这位男生平时性情怪异，极不合群。显然，他的反社会倾向与他读书"中毒"相关，他所阅读的内容与他当前的"消化"能力不相匹配，且强化了青春期本来就易出现的偏激、逆反、把个别命题上升为普遍命题、将问题绝对化等倾向。事实上，校长和教师面对的多是这样充满丰富性、复杂性和可能性的特殊情境下的人与事，所以必须使自己的研究达到把握"理性的具体"的层次。这种由抽象到具体的跃进，较之纯学理性的研究更艰难。因为我们很难从现有的理论中简单地推论出适合"这一个"对象的答案，只有对实践所包含的多样的规定性进行具体的综合分析，才能达到对具体实践之对象、关系及过程的真理性把握。

使用实证研究方法无疑能使我们对学生的研究更加科学和精细，但这并不必然保证我们引出具有真实价值的结论。比如：与以认识自然现象为目的的研究不同，以认识人为目的的学生研究如果囿于对调查统计数据的表层理解、囿于找到简单的因果关系，那么这种研究就很可能会"流俗"。也就是说，在作出基本的因果关系判断后，我们还必须在数据分析的基础上，回到对意义、理由、价值的追问与反思。再如：一些人在调查分析问题时习惯于或止步于"取平均"，这种将问题简单化的做法极易将事物的差异性、复杂性消解于"合并"中。如两个班学生的平均分相同，但背后隐藏的可能是完全不同的问题。此外，我们还应尽量选取典型个案进行研究，进而使我们对典型个案所表征的那"类"学生有更精细的认识。

当然，较之一切技术方法而言，将心比心，换位思考，对学生达到一种共情式理解，是我们在研究学生中更为根本的"求真"之法。

"返本"有道，"求真"有术，是为共勉。

（原载《中小学管理》，2008 年第 5 期）

/ 爱有归处 /

——写在《中小学管理》创刊 20 周年之际

　　一位作家说:"人是一点一点死去的,先是这儿,再是那儿,一步一步终于完成。"我想,其实,人的"生"不也是在"一点一点"的过程中发生着吗? 幸运的是,自己近十年的"生"是在杂志社这个暖暖的"家"中完成的,我的身上打上了这个"家"的烙印,一点一滴,无声无息,却足够深刻。

　　我想说,这个"家"让我的爱有了归处。

　　我爱教育,爱这块离"人"最近的圣地。我常常为许多"教育人",也为自己对她的那份宗教般的痴恋而感动不已。我知道,她所唤起的是我们灵魂深处最原始、最纯粹的真与善。是啊,当一个人怀揣着虔诚之心、敬畏之感做人做事时,还有什么样的疯狂是不可以解释的呢? 况且,教育对每个人来说又都充满了诱惑与挑战:你有多深厚的理论功底,也还会觉得自己浅薄;你有多丰润的情感积淀,也还会觉得自己匮乏,只因为我们面对的是最灵动、最深奥的生命体。

　　我爱编辑这个职业。我始终觉得,自己做的是一种与美有关的事——创造美,生成美,并通过别人的美舒展自己的美。做了 23 年的"编辑人",我愈益感到,为文章"美容"需要思想、技巧,更需要发现与创造。只要我们不循规蹈矩,就永远不会感到乏味和倦怠。这一切的前提无疑是"热爱"。事情往往是那样奇妙:在"有情人"眼里,原本枯燥的每一个字都洋溢着生命的活力——跃动着灵性,饱蘸着色彩,承载着意义,你可以在其间尽情挥洒自己的真性情。当然,编辑工作是艰难的：它对人的全面素养提出了几乎是苛刻的要求，就拿文章风格来说，最澎湃的激情或许需要最理性的表达，最深邃的思想又或许需要最感性的转换。但同时，做编辑又是幸福的，做教育杂志的编辑则可以说是福上加福了。我写李镇西、张思明、李金池，品那些平凡而又卓越的"教育人"的高尚情怀，调动自己所有的人生经历和感悟也还嫌不够，为的是"读懂"一个人！这有多难，又是一件多么神圣的事啊。人终归是一种对象性的存在，需要在他人那里寻求自我价值的证明。当我们所面对的"他人"是以万为单位的数字时，当"他人"的赞美与批评都同样真诚时，你说，我们能不幸福吗？

　　我爱我身边的伙伴，我爱我"家"。所有的甜酸苦辣，我们一起品尝、一同担当。我们的"家"很小，但这并不妨碍我们心存大气，追求精神的高贵与事业的辉煌，因为 20 年积淀的社本文化给了我们足够的滋养。我知道，这种割不断的文化血缘已经把我们兄弟姐妹与这个"家"永远连在了一起。在"家"里，我们陶醉于理性与激情的交响之中，一醉不醒；在"家"里，我们易感的心变得更加细腻，也更加辽阔；在"家"里，我们玩命地干活，纵情地高歌狂舞，高雅而素朴，优美而平实，亦张亦弛，亦庄亦谐……想一想，在余下的十年八年的工作时间里，与自己喜欢的一帮人一起，做自己喜欢的事，我还奢求什么呢？够了，足够了。

　　感谢"家"让我把这浓浓的三份情爱都挥洒到极致又熔铸在一起。在这里，情有了依托，爱有了归处。

　　最后，为我们的"家"献上儿女最衷心的祝福！

（2007 年 10 月 17 日，为创刊 20 年而作）

品良师

"张思明，1975 年起从事中学数学教学，是全国自学成材的先进典型之一。1984 年通过高等教育数学专业自学考试，1993 年在首都师范大学数学系获硕士学位。1993 年起从事中学数学课题学习的教学实践和探索，取得多项成果。1999 年获'苏步青数学教育奖'一等奖。1996 年被评为'北京市十大杰出青年'，1997 年获北京市'五四奖章'，1998 年被评为'特级教师'。参与国家高中数学课程标准的研制。2001 年当选'全国优秀教师'。"以上"小传"摘自《数学课题学习的实践与探索》一书。需要补充的是，2003 年，张思明成为享受国务院特殊津贴专家；2004 年，入选"中国当代教育家"丛书作者名录。

可以说，张思明获得了一个普通中学教师所能获得的所有荣誉，这使他成为一个"明星级"的焦点人物。然而，真正让我觉得可感可叹的并非这些荣誉本身，而是他做教育的大视野、大胸怀、高境界、高品位。这些特质使他能够超越某些狭隘的教育视界，提升教育的价值；超越某些狭隘的学科视界，反观学科教学的功能……让我们一道感受张思明的大家风范，一道走近——

／一位中学教师的教育生活／
——记北京大学附属中学副校长张思明

走近张思明，你就会感到，在这位"一看就知道是教师"的儒雅中年人身上有着那样多看似矛盾的品质——既追求成功又淡泊名利，既成熟练达又童心未泯，既极端"理性"又足够"激情"，既讲究细节又不过分苛刻……也许，这就是哲学上所谓的"两极相通"吧。精于抽象推理的他写得一手好文章，练就一副好口才，讲起话来，极"逻辑"，极睿智，也极具感染力；他能把一个意图明确的"教育行动"演绎得无痕无迹，把最枯燥乏味的数学问题变得生动可感……

走近张思明，你就会感到，在他那里，职业、事业、生活是那样难分难割，浑然一体，水乳交融。"（教师应该）把自己的教育工作不仅看成是事业，而且是自己生活的一部分，不断地想着它、念着它、琢磨它、感悟它、享受它。"这是张思明之所言，也是张思明之所为。"把教育看作自己生活的一部分"，意味着他将自己从事的教育事业纳入个体生命价值的框架中去思考、去理解。在这样的框架中，教育价值观与生活价值观、教育志趣与生活志趣最大限度地统一起来。教育的真实即生活的真实，教育变得极自然、极本色，教师无须戴上面纱生活，无须刻意装扮什么、修饰什么。在这样的框架中，生命体中会积聚起强大的、持久的内动力，摒弃一切外在的、"为他的"、功利的考虑；教育成为教师永远痴恋的对象，为她疯狂，为她痛苦，也为她幸福。

在记者看来，张思明正是有了这样的胸襟、这样的情怀、这样的境界，才把教育做得那样精彩，那样趋近于极致！

在这里，让我们截取张思明教育生活的三个侧面（教学、教师、教育），以他的几段语录作为导引，一起体会他的与众不同，感受他的独特魅力——

任何学科教育都不能忽视以学生个性为基础的全面发展，数学教育也不例外。我的体会是，摒弃学科本位的思维模式，以促进学生个性的全面发展为基本准则，以教育者而不仅仅是学科教师的角色开展数学学科教学。

我心中的数学教育：通过激励学生自主学习，发展学生广泛的数学能力，提高学生全面的数学文化素养，重点关注学生作为一个社会中的人的发展，特别是学生个性和创造力的发展，以期使学生获得"可持续发展"的意识和能力。

以上两段文字清楚地表明，张思明的数学教学思想和他的教育思想已高度融合在一起。他力图站在"教育是建构人生的价值和生活方式，实现生命价值和人生意义的一种活动"的视点上来理解和还原数学教学本来的功能。这种对教育本质的深刻理解，既为张思明的数学教学改革指明了方向，也使这种改革不再囿于狭窄的学科范畴，亦不单纯是方法与技术的革新。在张思明的课堂上，学科教学本身应具有的教育功能实现了最大化。通过数学这一载体，促进学生个性和创造力的发展，成为他教学的直接目的之一。

具体来讲，在张思明的数学教学中有一条"红线"，即通过建立起数学教学与生活的联系，进而建立起数学教学与学生未来发展间的联系。张思明的"让数学回归生活"，既为数学教学找到了"根"，也使他所传授的知识真正成为一种"有力量的知识"（"'知识就是力量'？不！只有能被理解、可驾驭、能应用的知识才是有力量的知识！"——张思明语）。

张思明的数学教学改革与一次偶然的调查有关。调查的题目是让学生写一写他们心中的数学和数学问题是什么。孩子们回答："数学是一些居心叵测的成年人为青年学生挖的陷阱！""数学问题是一些仅仅出现在课本和试卷上的，让某些老师看着学生崴脚而感到窃喜的东西。"这样的黑色幽默带给张思明深深的震撼。他一遍遍问自己，为什么用尽心血努力教学的老师在学生心目中无非就是一些埋雷布阵的高手，为什么学生越来越不爱学数学？答案之一是，我们的数学教学是一种没有"源"和"流"的教学，这种教学难以唤醒学生自主学习的内动力。

于是，张思明开始从关注学生当下与未来需要的角度、从数学教学的社会意义的角度重构自己的教学观念与教学行为。他要让学生感到数学有用、数学可用、数学能用！1993 年，他把"数学建模"这个对当时大多数中学教师来说还相当陌生的概念引入教学，以更好地建立起数学教学与生活的联系。1994 年，他在北大附中举行了首届数学知识应用竞赛活动，共出了五个题目（如"存一笔钱 10 年以后用，怎样存可以获得较多的利息"等）让学生去分析、设计。看着学生交来的厚厚的一摞解题报告（有些同学甚至写了 30 多页），张思明既兴奋又"痛苦"，兴奋的是学生有这么高的学习热情，"痛苦"的是每个学生的结论都是不一样的。

从那时开始，张思明的数学教学改革便一发而不可收。他带着学生把目光投向社会，投向日常生活的角角落落。开始是教师找问题，学生琢磨，后来演变成学生自己找问题，自己思考、讨论、解决问题。"黄庄十字路口的红绿灯怎样安排，才能减少汽车平均等待的时间""到海淀影剧院看电影，坐在哪个位置音响效果最好""脑白金风暴与广告投资效益"等问题在他们那里都变成了有意义的数学问题。随着这样的问题越来越多，学生在"做数学"中逐渐形成了"数学化"的意识，也逐渐找到了与著名数学家陈省身先生同样的感觉——"数学好玩"！

在一次次享受这种探索与发现的乐趣的同时，学生们也获得了一种素养、一种能力。1996 年，全国大学生数学建模竞赛举行，获得最好成绩的一组选手中竟有三位中学生！他们全都是张思明的得意门生。他们按规定在 72 小时内写出了一篇关于洗衣机节水设计的报告。与大哥哥、大姐姐们不同的是，他们没有使用微积分等高等数学的工具，而是用初等数学的知识就解决了全部问题。

要想让学生学会"数学化"地思考问题，教师首先要有足够的"数学敏感性"。多年来，张思明已经养成了时时处处留心生活中可利用的教学素材的习惯，这使他常常能发现别人看来习以为常、见怪不怪的问题。为了寻找好的应用数学问题，张思明常常和学生一样去商场调查，去银行咨询，去工地测量，然后上机编程演算，仅写下的资料笔记和求解报告就达几十万字。

经过十几年的艰苦探索，张思明总结出数学课题学习的四种基本形式：数学建模、数学探究、数学实验和数学主题阅读。他将这四种形式作为"数学回归生活"的教学实践活动的主要形式，作为通过创设"微科研"环境培养学生创新精神和实践能力的主要载体。

谈到创造性，张思明认为，它不是"教"出来的，而是学生在"悟"中产生的。他常常思考的不是"给"学生什么东西，而是"不给"学生什么东西。他说："我一直强调教师不要自己总当'导游'，而应该把'导游路线'设计的'天机'有意识地泄露给学生，使他们能体验出'导游'怎么当，从而自己也能尽早成为'导游'。"当然，在此过程中，教师也在创造，这种创造就是为学生创设一个不断激发他们创造力的"场"，并把这种"场"延伸到课外，甚至是学生的整个生活之中。1995年寒假，他开始给学生留实践型的可选择的假期作业（这种做法一直延续至今）。比如：从数学正式出版物中找出三处非印刷性错误并予以更正；自选题目，写一篇数学小论文；学习计算机，自编一个程序等。

在张思明看来，好的教学成果常常体现在学生经过遗忘后所剩下的那些"沉淀物"中，那些能力和素养有可能长久地积淀在学生的个性特征中，成为影响学生未来工作和生活的持久力量。为此，他将学生对数学本质、数学学习的认识，学生学习的兴趣、自信心、情感体验，学生学习的主动性、探究意识，学生的学习方式、学习态度作为教学目标达成度的检测指标。

十几年来，张思明以他独有的"大手笔"做出了学科教学的"大文章"。比如：他力求在课程实践中体现数学的文化性。"一是注重科学与人文的整合……让学生感受和体验数学中的对称美、和谐美、创造美。二是注重精确性与解释性的整合。他并不单纯强调数学结论的精确性，常常要求学生将建模的结论与生活中人们对相关问题的解决方案的选择相比较，并使学生认识到，数学建模的结论不一定是生活中人们的实际选择，因为人们在实际选择时还要考虑数学以外的多方面的因素。"（北京师范大学李小红）著名教学论专家裴娣娜教授认为："（张思明）将数学教育上升到数学文化的层面……（认为学生）要有观察问题的全面深刻性，计划策略的主导性与严密性，处理方法的条理性与简洁性，反思总结的批判性与概括性，以及勤奋求实、善于反思批判、不断探索创新的精神。张思明对数学教育的认识，是一种新的数学教育观。""张思明构建了让学生经历理解社会实际问题的'数学化'过程。这个过程是：发现数学成分—符号化—概念化—模型化。这是一种真正的教学生活。"

教师的幸福应该是不断地被学生超越，又不断地超越自己。也只有经历这样的过程，教师才有战胜挑战的成长体验，才有真正的教学生活。这才是教师所应追求的职业感受。

在记者看来，这段语录是张思明用自己的生命之笔蘸着汗水与泪水书写的。从并不情愿的无奈选择到高度自觉的"自讨苦吃"，张思明从教后近 30 年的日子都是在"接受挑战—战胜挑战"的循环中度过的，而每一次循环又都超越了原有的出发点，在更高的水平上展开。

高中毕业后，他留校当了一名不合格的教师，常常被学生讥讽，被"挂"在黑板上。他边教课边到北大数学系旁听了四年，但由于没有入学学籍而不能获得文凭。1977 年恢复高考，他又把上大学的机会留给了妹妹。1981 年，北京率先开设了"高等教育自学考试"，张思明毫不犹豫地踏上了自考的漫漫征程。那五年里，他做了几千道习题，笔记本、习题本、专业学习总结本堆起来有一米多高。为了兼顾学习和工作（他一直担任班主任，还带过毕业班，每周要上 12 节课，要批 300 多本作业），他想了不少"高招儿"。比如：把每一科学习的上万字的笔记密密麻麻地写在用布纹纸挂历的反面折成的像扇子一样的小折子上，这种"压缩笔记"可以装在兜里，一有空就拿出来学。那五年里，张思明经历了太多的考验、成败与悲喜。开始时连续两年，他的"大学语文"都考了 56 分。他痛苦，但并未退缩，"第一个打倒你的，常常就是你自己。我明白这点，就咬牙坚持下去。我发现，人其实有难以想象的潜力，能突破所谓的极限。""遇到挫折时，我就想：这是命运对自己的又一次考验。它剥夺了你很多东西，但只要你努力，它还会再给你很多东西。"幸运的是，他真的获得了生活补偿给他的"很多东西"——"代数"他考了 96 分；"抽象代数"三个小时的考试，他用一个小时就做完了全部考题，成绩是 98 分；"数学分析"他拿到了满分。作为数学专业的考生代表，他接受了中央领导的接见。与这些有形的成绩相比，张思明更看重的是自己所获得的无形的精神力量。"五年的自学，我学会了合理地运筹时间，培养了克服困难的勇气，这是比文凭更宝贵的东西。"

张思明在自学考试中虽然取得了骄人的成绩，但就其参加自考的本然目的而言，还主要是满足一种生存的需要，为了获得一个合格的学历。不能不说，这还是一种带有局限性的学习。然而，这种局限性在张思明后来的学习、研究与实践中被一再打破，最终几乎难觅其踪影。比如：他越来越不满足于以获得学历为主要目标的学习——读在职研究生时（在学校仍是满工作量），他比别人多选了好几门课；别人提交一篇学位论文，他却交了两篇，而且是质量很高的两篇。最终，他以全优的成绩、用两年的时间完成了三年的学业。

除了学习专业知识外，他还不断拓展自己的知识领域：1984 年，他就开始学习计算机（曾兼任北大附中的计算机组长），1987 年即开始编制教学软件；他研究教育心理学，开设心理保健讲座；关注自然科学的进展，向学生介绍生物全息论；有点空儿，他还要读读文学作品、看看"大戏"……他喜欢与离自己行业较远的人交流，了解自己不熟悉的领域。他认为，可以用教育这条线，把教师掌握的各种知识连接起来，形成有益于学生发展、自我发展的网状的知识结构。

张思明在不断给自己"留作业"、出难题，而促使他这样做下去的是一种强大的自我发展的内动力。"支撑我不断奋斗的源泉就是由责任感激发的内动力……它使我无论面对学生的诘问和蔑视，自学考试的接连失败，抑或异国求学的艰难和挑衅，求学任教的双重压力，都能以自己的毅力和斗志战胜自我。"

有了强大的内动力，教师就会克服"匠气"，存高远之志；就会将人生最大的理想寄托于自己所从事的事业中，并为实现理想而竭一生之力。

对教师角色，张思明作过如下描述："教师应兼有三重身份——

学习者、研究者、实践者。""教师应该像一个有能源支持的火炬，一边在燃烧，一边又在生长。""要当一流的教师，就要先当一流的学生。""为了给学生一杯有价值的'水'，自己就要努力开凿'一眼泉'。"从这几段话中，我们至少可以读出三个"关键词"——"生长""创造""超越"。近30年来，张思明以锲而不舍、愈挫愈奋的精神和脚踏实地的努力诠释着这三个词的深刻含义，也诠释着"教师"这两个字的丰富意蕴。

学校教育是师生之间独特的社会生活体验过程，是师生（尤其是学生）全面成长的过程。

教育的最高境界是不留痕迹。成长的过程是需要爱、需要尊重与理解的过程。老师创造机会给学生更多这样的人生体验，是远比授业解惑更难也更重要的事情。

最好不要让我们简单直白地告诉学生要做什么，而要让学生自己归纳感悟出我们期待的结论。最重要的还有教师自身的表率和由教师自身做人做学问的态度造就的"教育信度"。

像所有优秀教师一样，张思明也深爱自己的学生，但他对这份爱有着更深刻的理解。"真正的爱，是要对学生进行很好的观察。当发现学生需要温暖时，不要直接给他温暖，而是给他一把柴刀，对他说：'你可以去打柴；不会打？我告诉你怎么打。'你可以远远地看着他——如果他划不着火柴，可以给他做一个示范，再让他自己做。绝对不要代替他做该由他自己做的事。这种爱才是对孩子真正的爱，是对他一辈子负责的爱。"

张思明这种"给柴刀"式的教育，表现在教学中，就是让学生通过"悟"而长学问；表现在教育上，就是让学生通过体验而明道理。

其实，了解张思明的人生经历，也就会很自然地理解他的这种教育主张。

张思明13岁时，父亲在江西"五七干校"因公去世。回京后，母亲的身体一下子垮掉了，妹妹又被怀疑患了白血病，年幼无助的张思明挑起了家庭的重担。他捡过煤核、树枝，吃过榆树钱、槐树花，纳过鞋底，做过衣裤。那一年，张思明为了筹得给妈妈治病的钱，推着爸爸留下来的那辆自行车到委托行寄卖。委托行的人问他为什么卖车，想卖多少钱，他说想卖70块钱给妈妈治病。结果，委托行的人把90块钱塞到他的小手里。

14岁那年冬天，瘦弱的张思明用三轮车拉着全家一冬取暖的600多斤重的煤爬上一个斜坡，坡面上结着冰，非常滑，他拼尽全力和煤车"僵持"在那个斜坡上。"叭"的一声，鞋被撑裂了，脚从鞋里蹬出来，眼看着就要车翻人倒。正在这时，他突然感到车轻了许多，一个素不相识的人在他最无助时帮了他一把。等他回头看时，那个人对他笑了笑，走了。张思明说，这是他一生中最难忘的一个场景。

张思明正是在许许多多这样的体验中懂得了做人做事的道理。可以说，他对人、对教育的许多理解都是从他特殊的生活经历中，特别是他对这种经历的深刻体悟中自然"生长"出来的。因此，它是有"根"的，是牢固的。

对自己成长经历的反思使张思明笃信，只有联系学生的生活实际，创设环境，让学生亲历过程、获得感悟、不断反思，教育才能产生一种穿透的力量，内化成学生终身受用的良好品质和习惯。他常说：最真实的、最生活化的教育案例往往最能打动学生。

一次，张思明带学生去外地军训。在归途中，他让学生猜一猜，父母会不会来车站接自己，他们知不知道自己军训所在地的天气情况。不出张思明所料，在站台上，几乎所有同学的家长都在焦急地迎候他们，而当孩子们问起家长是否知道军训地的天气情况时，绝大多数家长都说，这几天最关心的就是那里的天气变化。"儿行千里母担忧"，这是多么生动的体现啊！从此，张思明要求学生，凡是晚上七点之后回家，一定要通知家长。这个要求提出后，没有一位同学表示反感，因为孩子们懂得了，不让父母担心也是对他们养育之恩的一种报答。张思明说，教师就是要把这些在学生看来是天经地义的东西提示给学生，让他们重新感受与理解。

还有一次，张思明班上一位住校的同学不慎摔伤了腿，他的父亲连夜赶制了一副拐杖。第二天，张思明早晨五点多跑步时，看到这位同学的母亲已经来到校门外。"当时，我内心的震动是无法形容的。我领着这位母亲来到学生宿舍，请几位同学悄悄地分头把全班同学都叫起来，让他们在现实的生活中感受父母的爱，向这位母亲的到来表示敬意。"

我为张思明的学生们感到幸运，因为他们在自己成长的最重要的阶段遇上了一位会"勘探"资源，同时自身的"资源储量"也极为可观的老师。

对学生们来讲，"伟大的"张老师带给他们最深刻体验的不是什么轰轰烈烈的大事，而是已经表现为一种常态的品质。比如：与许多"英雄人物"不同，张思明是个顾家的人。每天不管多忙，他都要在晚上 6:30 左右回家，因为患有老年抑郁症的妈妈必须有他的陪伴才能吃好晚饭。安顿好妈妈后，他还要赶到另一个地方，照顾卧病在床的岳母。年复一年，日复一日……孩子们为这位大孝子的行为而感动，有时还悄悄"帮助"老师孝敬他多难的母亲。

与虚拟、编制、导演出的一些所谓的"情景教育"不同，建立真实的教育场景要求教育者关注学生本然的生活状态，让学生通过体验与反思"周围人"身上真实发生的事自悟自得。当然，教师也是重要的"周围人"，必要时，应将自己生活中对学生有教育意义的内容向学生敞开。张思明的一位学生回忆说："记得张老师曾经用整整一节课的时间，给我们讲述了他自己青年时期的事……那一节课，我们教室里自始至终都鸦雀无声，每个同学都用心聆听着老师的话语。我们深切地体会到，老师并不是在炫耀自己，而是在用一种独特的方式和我们心贴心地交流，老师就是我们最切实的榜样。他在用自己的亲身经历传授给我们做人的道理。"

在谈到自己对教育有效性的理解时，张思明说："我们强调教育的及身性和体验性，并不是说就不需要引导学生对幸福与理想等标示着生活深刻哲理的问题进行思考。相反，我们要从生活的原初状态入手，从根本上将这些问题分析透彻。"

张思明正是从生活的"原初状态入手",将生活中的点点滴滴化作点点滴滴的教育。这种教育带给学生的影响是潜移默化的,也是巨大而深远的。

走近张思明的教育生活,记者感受最多的当然是他的智慧、他的风范、他的卓尔不群,然而,细细地在其间品味,却又分明嚼出了几分悲壮的味道:他没有上过大学,却亲手把千百名学生送进中国一流高等学府;他没有子女,却比许许多多的慈父更懂得孩子们的心;他没有享受过一个青少年本该拥有的安宁、幸福的生活,却为他的学生们拥有那份幸福而用尽心思。每天,他比太阳起得更早,凌晨4:30即开始学习、工作,二十几年如一日;生活的磨难和劳碌使他未到中年就已生出斑斑白发……令记者百般感慨的是,张思明视这种因悲壮而变得崇高的教育生活为一种彻底的甚至是纯粹的幸福!这样幸福的教育生活值得我们悉心琢磨,纵情讴歌!

(原载《中小学管理》,2004年第12期)

1998 年 11 月 27 日，在"纪念苏霍姆林斯基 80 华诞国际研讨会"上，四川成都石室中学高级教师李镇西的发言引起与会者最强烈的反响。乌克兰基辅苏霍姆林斯基学院院长瓦西里莎当即邀请李镇西到该院访问。乌克兰教育科学院院士、苏霍姆林斯基的女儿苏霍姆林斯卡娅在其饱含激情的赠言中写道："您把您的热情献给您的事业，您把您的爱心献给您的学生，我相信您是很幸福的人。您是中国的苏霍姆林斯基式的教师。虽然您与我父亲年龄相差很大，中国和乌克兰相距遥远，但您是苏霍姆林斯基的亲人，是他最亲近的人！"

会后不久，我即赴蓉采访，进一步了解了李镇西——

/ 一位苏霍姆林斯基式的教师 /

从一本畅销书谈起

1998 年 7 月，四川少儿出版社出版了李镇西的《爱心与教育——素质教育探索手记》。在不到三个月的时间里，该书两度脱销。

学生们说：这本书很"煽情"。

的确，书中那一个个感人肺腑的故事唤起了千千万万读者尘封已久的情感。

中央电视台《读书时间》节目主持人李潘在从北京飞往厦门的飞机上捧读此书，多次被感动得热泪盈眶。她当即决定向全国的教师和家长推荐此书。她说："这是我近年所读过的有关素质教育的最好的书。"

一位年届七旬的老人读罢此书，万分激动。他找到李老师，请他签名、题字。而后，老人将《爱心与教育》连同李老师的赠言（"坦荡为真，至诚乃善，朴素即美"）一起寄给了远在东北从教的侄女，嘱咐她一定要把李老师的赠言挂在墙上，时时提醒自己做一个像李老师那样的好教师。

有一个孩子在学校经常受到老师的歧视，他的母亲买了三本《爱心与教育》，说要分别送给孩子的班主任、教导主任和校长。在电话里，她哽咽着对李镇西说："李老师，我的娃儿要是在您班上该多好啊！"

这样的例子太多、太多！

这本"煽情"的书使李镇西与许许多多素昧平生的人相识、相知。一位与李镇西至今尚未谋面的"老朋友"这样评论他的书："李镇西的文章不是做出来的，而是从心泉里流淌出来的。"也许，这正是《爱心与教育》让我们读后满脑子感动的原因所在吧！

学者们说：这本书发人深省。

中国大百科全书出版社总编辑徐惟诚同志在《爱心与教育》的序言中写道："读了李镇西同志写的教育手记，不由得不思考这样的问题：我们为什么要办教育？或者说孩子们为什么要上学？"

科利华软件集团副总经理周建宇先生说："大多数教育者把塑造人这样一项最软性的工作，用最刚性的套路去完成，无疑难以收到理想的效果。"

"没有教育的解放，就谈不上人的解放……感情当然不能取代教育，但教育必须充满情感。"这是四川省农牧厅李亚东先生读了《爱心与教育》之后发出的感慨。

《教育导报》常务副总编杨钢先生认为："李镇西老师为我们重新打量素质教育提供了一个全新的视角。他眼中的素质教育首先有一个大写的'人'字，是目中有人的教育，是充满人情、人性和人道的教育。""他悟透了教育不仅是科学的事业，而且是艺术事业。他懂得教育是一种至为精细的精神活动。"

一本没有经过什么炒作,不过是讲了似乎每个教育者都烂熟于心的"爱心"两字的书,为什么会产生如此强烈的反响?带着这个问题,我走进李镇西和他的学生们。在与他们短暂的接触中,在他们相互依恋的眼神中,我似乎找到了问题的答案。

难在一个"爱"字

看过中新社记者石本秀为《爱心与教育》写的书评中的一段话——"我禁不住惊讶于书中那些被整个社会前所未有地'呵护有加'的中学生们竟是如此缺爱"——之后,我在"缺爱"二字的旁边画了一个重重的惊叹号。的确,如石本秀所言:"大人们乃至整个社会渐渐习惯了一种畸形的,甚至是残酷的爱。作为家长,一块糖、一件玩具、一次游玩,甚至一个笑容,无疑都是要与分数挂钩的。作为老师,更是责无旁贷,(他们)时刻不忘如此这般地谆谆教诲……只要你们能考好,你们就是骂我法西斯也不算啥。"在这种见分不见人、沉重可怖、居高临下的"爱"的百般"呵护"下,师生感情的普遍淡漠、学生基本道德的普遍缺失、孩子心理的普遍压抑、青少年犯罪手段的令人发指,也就成为必然。

孩子们苦苦地呼唤:请给我们一份真正的爱!

所幸的是,这呼唤得到了回应,李镇西便是回应者之一。在 17 年的教育实践中,他努力实现着一个朴素但却难而又难的愿望:"让我教的每一位学生都有一种幸运感,让他们感到,在李老师班上的日子,是自己生命中最值得骄傲,也最值得怀念的一段时光。"为了实现这个愿望,多年来,他一直在自己的实践中悉心追问与解答这样一个问题:孩子们到底需要怎样的爱?换言之,我们应该追求什么样的爱心?

善于感受学生的爱

陶行知先生说过："你可不要轻视小孩子的情感，他给你一块糖吃，是有汽车大王捐助一万万元的慷慨……"李镇西正是以这样细腻的感受来体味来自学生的爱的。与他接触时间不长，我便发现，"感动"是他使用频率最高的两个字。有时，学生的一个眼神、一个在别人看来微不足道的举动，都足以使李老师感动万分。他讲过这样几件"小事"："去年9月，奥地利一个代表团来访，与我班学生一起联欢。联欢会结束后，一个学生手拿一块糖跑过来说：'李老师，这是奥地利的叔叔阿姨给我们的糖，我给您留了一块。'我当时非常感动，可我怎么能吃他的糖呢？我们推来推去，最后妥协的结果是，我们用小刀把糖分成两半，一人吃了一半。""有一次，学生以为我要调走都非常难过，一位平时非常内向的女同学说的一句话让我特别感动，她说：'李老师，您千万不要走啊！您如果走了，我会把一辈子的泪水流干！'""1989年冬天，我和学生一起登峨眉山，在山上摸爬滚打，他们用雪把我埋了，在嬉闹中，一位学生穿的铁钉鞋把我的手划破了，留下一个一寸多长的伤疤。现在，造成这起'血案'的'歹徒们'都已经大学毕业了，每次通话时我们都一再讲，最值得怀念的就是那次风雪峨眉山之行。每当我看到这个伤疤，都会有一丝温馨的回忆。"

这17年中，使李镇西感动的事可谓俯拾即是。1993年6月"父亲节"那天，李老师意外地收到《黄金时代》转来的贺卡，上面写着："亲爱的老师、朋友和父亲：我们永远爱戴您、尊敬您、感激您。"落款是："您的高95级（1）班全体'儿女'。"每年，李镇西的历届"儿女"们都要想尽办法为他祝贺生日。一次，当学生们得知李老师因病住院的消息后，教室里哭成了一片！"血脉虽不相连，心灵永远相通！"这是即将跨入高校大门的学生送给李老师的临别赠言。

李镇西因此而体验到别人难以体验到的大快乐、大幸福，成为了一个精神富翁。不，还不够，用一位家长的话说，李老师是一位"超级富翁"。

然而，这位"超级富翁"却时时感到自己"负债累累"。

1998 年年末，《教育导报》约李镇西写一篇新年感悟，李老师毫不犹豫地把题目定为《继续还债》(《爱心与教育》中有一句话："我在给学生还债。")。文中写道："按理，在学生眼里，老师是恩师，所谓'滴水之恩当涌泉相报'，所谓'一日为师终身为父'，哪有什么教师向学生还债之理？不过问题是，感情有时恰恰是不讲逻辑，甚至'不讲理'的……如果在一个社会里，人人都觉得别人欠自己，而自己丝毫不欠别人的，那么这样的社会永远不可能进步。"

真诚地奉献爱—细心地感受爱—加倍地回报爱，也许，这就是李镇西的"情感逻辑"吧。

教会学生爱他人

在李老师看来，爱的教育的最终目的应该是使学生在感受到老师无私的爱之后，再把这种爱自觉地传播给周围的人，进而爱我们的社会，爱我们的国家。

从教之初，李镇西便把意大利作家亚米契斯的《爱的教育》作为学生必读的德育教材。

他常向学生讲，并要求学生用心牢记的一句话是："让人们因为我的存在而感到幸福。"

一次，李老师在给初一新生发教材时，发现一本音乐教材的封面是破的，他举起这本本来可以退回的书问学生："谁愿意要这本书？"多数同学都举起了手。李老师把这本书交给第一位举手的同学，并对大家说："这位同学的存在，就使我们感到了幸福，感到了集体的温暖。"

我去采访那天，李老师在早读时对同学们讲了这样一段话："我不提倡同学之间互送贺年卡，因为真正的友谊不是建立在物质基础上的。但有一点，我希望同学们能给自己家所在的宿舍大院的门卫师傅、给每天为自己看自行车的师傅、给那些默默无闻但值得我们尊敬的人写一张贺卡，落款写上：'一颗博爱的心'。"他又说："这几天，我看见学校传达室的吴大爷每天都要分发一大摞贺年卡，可里面唯独没有寄给他的，他该不该得到一份爱呢？"听了李老师的一席话，孩子们的心受到极大震动。其实，正如李老师所言，这种爱的教育不需要搞多么大的活动，不需要我们煞费苦心，有时只需要一句话、一个提醒。比如，李老师常常提醒同学们想一想：在我身边，有没有被我冷落的人？他进而告诉孩子们，对人的关怀不是出于一种礼貌，更不是一种施舍；关心人要自然、巧妙……

彭莹同学对我说："我非常喜欢李老师教我们的那句话——'让人们因为我的存在而感到幸福'，因为它时时提醒我：要做一个好人！"

爱要建立在平等的基础上

李镇西认为，教师对学生的爱不应是居高临下的"平易近人"，而应是发自肺腑的朋友的爱；师生在人格上应是绝对平等的。

上世纪 90 年代初，李镇西即提出对班级实行"法治管理"的主张。他教的班都由学生共同制定班规，老师犯错同样受罚。李洁同学在一篇题为《我们的班规也管老师》的文章中写道："《班级法规》中最令我们自豪的当然是管老师的这一章了，上面清楚地写着：'李老师不得随意占用自习课及读报课''老师上课不能迟到，下课不能拖堂''班主任每月在班上发火不能超过一次'……这充分体现出李老师的民主精神。"李老师批语："纪律面前人人平等。老师是班集体的一员，岂能不受《班级法规》的约束？"在李老师的班上，专门有一名同学负责监督他是否拖堂。如果老师违反规定，就要受到诸如扫教室、读小说、唱歌、罚款等多种形式的处罚。谈到这个问题时，李老师说："关键是要让学生感到，老师受罚不是什么了不起的事，而是理所当然的。几年前，我被罚扫教室时，常有学生跟我抢扫把，并说：'李老师真高尚。'这使我感到十分忧虑，因为这说明学生还缺乏起码的平等意识，我反问他们：'为什么你们受罚就理所当然，而老师受罚就是品德高尚呢？'"

《爱心与教育》抄录了一篇题为《生日的祝贺》的作文，其中的一句话给我留下了非常深刻的印象："大家见家里没有大人（李老师当然不算是大人）……"的确，在学生眼里，这位不是"大人"的老师是透明的，是和他们一样有血有肉、有缺点、有烦恼，也有过自己"小秘密"的"老李""镇西兄""镇西将军"。他和他们一起争论问题，一起踢毽子、"斗鸡"、讲故事。我曾经问李老师："您觉得自己的内心可以向学生开放吗？"他不假思索地答道："当然可以。"他说："有的老师认为距离产生尊严，如果我们完全放下架子，学生就不听我们的了。我不这样看。其实教师真正的尊严来源于学生对我们的道德肯定、知识折服和感情依恋，而不在于我们个人的主观感受。从这个意义上说，教育者的尊严是学生给的。这里的关键是，教师要能够在许多不经意的小事上，让学生感受到人格的魅力，同时教师还要善于把自己变成小孩子。这两点是很难做到的。"

十几年来，李老师一直在努力做着这两件很难做到的事。学生们告诉我，在他们班上，最有威信、最有魅力的就是那个童心未泯的"孩子王"。我问："学识渊博、待人好的老师还有很多，你们为什么最喜欢李老师呢？"孩子们差点被我问住，还是那位当过班长的男同学一语破的："在别的老师那里，师生是截然分开的两个概念，而李老师和我们既是师生又是朋友。他不在我们之上，而在我们之中！"

注意情感倾斜

李老师认为，教师给学生以爱，既要一视同仁，又要有所倾斜——教师应把更多的关注、更多的感情投向那些极度缺爱的顽童。

对那些从"应试教育"角度看简直"没搞头"的后进生，李老师似乎有着特别的兴趣（1995年，在他的积极争取下，全年级成绩最差的27名学生被分到他的班上），也有"制服"他们的"绝招"。简单地说，他的"绝招"有三——

第一，充满信心。李老师之所以对后进生充满信心，是因为他始终相信苏霍姆林斯基的一句教育名言：任何一个学生的心灵深处都有想做好人的愿望。为了不使后进生那种"成为一个好人"的愿望的火花熄灭，他首先"以心灵赢得心灵"，真诚地与后进生交朋友。在此基础上，他积极帮助这些学生树立"我是一个有缺点的好人"的道德自信。他经常与后进生谈的话题，便是让学生找"我有什么优点"。他还热情鼓励后进生经常进行"灵魂的搏斗"，用"高尚的我"战胜"卑下的我"。在他看来，这一切都源于一种由真诚热爱而产生的真诚信任。

第二，允许反复。李老师认为，后进生的自我教育很难一劳永逸，反复是必然的。教育者应该容忍后进生的一次次"旧病复发"，鼓励他们一次次战胜自己，并引导他们从自己"犯错周期"的逐步延长或错误程度逐渐减轻的过程中，看到自己点滴的进步。李老师从来不对后进生提"下不为例"之类的要求，相反，学生只要犯错次数减少，就可以到李老师那里领一张特别的"报喜单"，回家向父母报喜。

第三，集体帮助。利用学生集体的健康舆论对后进生施以积极的影响，是李老师摸索的转化后进生的有效方法之一。他总是有意识、巧妙地将自己对后进生的表扬或批评转化为集体舆论的褒贬。比如，他把期中考试的作文题定为《×××进步大》，规定每人只能写一位同学，然后全班通过投票，评出班上进步最大的同学。这一招很灵，屡试不爽。

在李老师眼里，后进生是极不幸的。他们长期承受着巨大的心理压力，难以享受到健康愉快的精神生活。因此，他认为，从后进生独特的精神需要入手（而非从分数出发），还他们以本该拥有的幸福而充实的精神生活，应成为我们转变后进生工作的基本着眼点。

真没想到，李老师班上两名最大的"闹将"竟是那么热衷于参与我对李老师的"调查工作"！从他们那里，我获得了不少有用的信息。其中一个叫邹冰的男孩，到李老师班上不久便离家出走。后来，在李老师多次全方位的关怀与帮助下，他被大家评为"进步最大的同学"，并当上了体育委员（当时还时常有反复）。邹冰对我说："我最佩服李老师不歧视后进生。我每次犯错，只要承认错误，他都原谅我，并给我改正的机会。现在我觉得有心里话跟李老师说最保险！因为家长不理解我，就知道问我的成绩，而李老师不仅关心我的学习，还关心我的其他方面。他总是对我说：'做人第一，学习第二。'我要对得起李老师！我还特别喜欢他带我们出去玩，和我们一起摔跤，打成一团。""他是不是像你们的朋友？"我插了一句，"嗯，是好朋友！"他把"好"字咬得很重。

善于向学生学习

李镇西在其为学生编辑的《恰同学少年》一书中写过一篇题为《我从同学们身上学到了什么》的文章。他按照学号顺序，一一写下了全班51位同学三年来给他的教益。在此我们不妨抄录若干片段——

龚晓冬：一颗永远善良助人的心，告诉我怎样处理好人际关系。

唐国瑞：不停地挨批评，却不断地为班集体出力，并一点儿不怨恨我。如果我处在他的位置，能做到这一点吗？

李成：曾主动找到我，请求我给他施加压力，使他能遵守纪律。如此"自讨苦吃"，不值得我学习吗？

吴冬妮：我非常欣赏她思想的独立性和思维的批判性。她的观点虽然有些偏激，但探索中的片面比盲从时的全面可贵一百倍！我从她身上学会了用自己的眼睛看世界。

陈铮：学习拔尖，品德优秀；乐任班长，甘当平民；重于学业，淡于名利——给这样的学生当老师，既占便宜（白捡了一个优生）又胆战心惊（怕一不留神，境界就比人家差一大截）。我正是在这"胆战心惊"中有所进步的。

在李老师看来，"教学相长"不应仅仅是知识上的，还应是思想和道德上的。从某种意义上说，教师要向学生学习做人，因为在很多时候、很多方面，学生的心灵比我们纯洁得多，也高尚得多。

相信孩子

在李老师班上，发生过这样一件事：

一次，罗兰同学的《恰同学少年》一书不翼而飞。当时李老师很生气，真想来个全班大清查，但他终于没有那样做。第二天，碰巧学安徒生的童话《皇帝的新装》。李老师结合课文问同学们："在这篇童话中，你们最喜欢哪个人物？"同学们齐声回答："小男孩！""为什么？""因为他诚实，有一颗童心！""是的，童心！一个人最可贵的是永远保持自己的童心。"李老师随后提到那本丢失的《恰同学少年》："这本书是谁拿的，我无法知道，但可以断定，这位同学的童心暂时失落了。我衷心希望他能用自己的行动找回童心。"第二天早晨，那本《恰同学少年》竟"飞"了回来。李老师手举那本书对全班同学说："你们看，这本书已经回来了！我同样不知道是谁把它放了回来，但可以肯定，这位同学就在我们当中。让我们以热烈的掌声祝贺这位不知名的同学找回了自己的童心。"罗兰同学拿过这本书激动地说："谢谢您，李老师！""不，我们都应该感谢安徒生。"

"案子"破得这么漂亮，并非"法官"有什么超人的技巧。如果说李镇西有什么"法宝"的话，那就是他始终抱定一个教育信念——相信孩子。这往往会使我们的教育产生奇迹！

辉煌的"蜡烛"

与许许多多教师一样，李镇西乐于做一支给学生温暖和光明的"蜡烛"。

李镇西有句"名言"：只要是为学生当"长工"，我真的心甘情愿。多少年来，这位"长工"在超负荷地劳动。工作最忙时，他同时担任两个班（共131名学生）的班主任，教两个班的语文。除此硬性工作外，他还要"自讨苦吃"。从当第一个班的班主任起，每送走一个毕业班，他都要在学生毕业前为他们编一本"班级风采录"（每本书仅要处理的稿件就达几十万字）。在挥汗如雨的日子里，他常常在办公室一坐就是14个小时！《未来》（一）（二）、《花季》《恰同学少年》《少年》《童心》六本书就这样诞生了——不为评职称，不为出名，只为给学生铸造青春的里程碑！无论多忙，李老师都提醒自己，别忘了学生的生日。十几年来，他教过的每一个学生都收到过他送的生日礼物。

每带一个班，他都要与十几位个性较特殊的学生进行长期的通信交谈。在给学生以精神抚慰的同时，他也进入了一个个鲜活的心灵世界……

然而，在李镇西看来，教师不应仅仅满足于这样的无私奉献，满足于"燃烧自己，照亮别人"，而应成为一支不断生长、辉煌灿烂的"蜡烛"。

他总是谆谆教导学生，也总是时时提醒自己：做一个最好的我！对于他来讲，这个"最好的我"是站在人生的制高点，追求事业成功（而非满足于当个教书匠）的我；是立志做一个平凡岗位上的伟人，与学生一起成长的我；是怀揣着为中国的教育理论大厦添砖加瓦的抱负，勇攀教育科学高峰的我。

为了做一个"最好的我"，他博览群书，苦苦思索。他读《论语》《孟子》《庄子》，读他能找到的苏霍姆林斯基的所有著作，读《陶行知文集》《叶圣陶语文教育论集》，读《外国教育史》《人格心理学导论》，读《马克思主义原理》《中国思想史》……广泛而系统的阅读，使李镇西得以从更深远的中外教育发展史和更广阔的文化背景中思考当今的教育问题。最终，基于对前人（特别是苏霍姆林斯基和陶行知）教育思想的深刻理解和对中国现实教育问题的种种思索，李镇西提出了自己的素质教育观——素质教育是"民主、科学、个性"的教育！他特别强调："素质教育绝不仅仅是教育技术层面的事，它首先是一种充满情感的教育，是充分体现教育者爱心与童心的教育，是'心心相印的活动'。"

为了做一个"最好的我"，他在实践中不懈探索。

在班级管理上，李镇西进行了集体主义教育的实践，以及"用'法治'取代'人治'"的探索。这些做法被媒体披露后，在全国引起较大反响。

针对现行德育的弊端，李镇西把"回答学生所关心的问题"作为改革班主任工作的突破口。为了拯救那些"负重的心灵"，李镇西将学生青春期心理辅导纳入自己的工作内容，通过专题讲座、个别谈心、书信交流等形式，对学生进行富有个性的引导。

在语文教学中，李镇西坚持淡化"应试"观念，强化"生活"意识，通过实施"大语文教育"，培养学生终身受用的语文素养。他将语文教学与学生的日常生活、班级生活、社会生活紧密联系在一起，使学生逐步具备一种在生活中情不自禁地学习或运用语文的"本能"。1996年暑假，李老师给学生布置了这样一份语文作业：读有关长征的书，以回顾中国革命史上最壮丽的一页；读有关"文化大革命"的书，以了解共和国的历史；每天必看《东方时空》，以感受当今中国的时代气息。李老师还积极引导和鼓励学生以语文为工具，关心改革，参与社会生活。北京申办奥运未成，王铜同学写下《北京不是失败者》；针对创建卫生城市活动中的某些形式主义现象，王劲同学写下《"创卫"杂感》……正如上海建平中学的程红兵所言：在李镇西那里，"语文的外延和生活的外延相等"得到了很好的诠释。"老师完全不必为激发写作动机而费神，学生完全不必为没有写作动机而苦恼。"在语文教学的方法和形式上，李镇西可谓不拘一格。在他的课上，有学生的"一分钟演讲"，有激烈的辩论，有"歌声中的复句"，还有李镇西精彩的"小说联播"（约占课时的1/3）——《青春之歌》《悲惨世界》《烈火金刚》《青春万岁》《钢铁是怎样炼成的》《爱的教育》以及《凤凰琴》等。为了开阔学生的视野，让学生感受生活中的美，李老师常常带学生远足、旅游——去黄果树瀑布、峨眉山、瓦屋山原始森林……

为了做一个"最好的我"，他勤奋地写作，十几年如一日，笔耕不辍。现在，他的教育科研已经结出累累硕果：已经出版（四部）和即将出版的学术专著共六部，发表论文200余篇，近百万字。此外，他还写了大量的教育日记、教育手记和教育随感等。

在不断的学习、思考与探索中，李镇西也在一次次调整自己、扬弃自己。从"教育浪漫主义"经"教育现实主义"到"教育理想主义"，他的思想一步步走向成熟。在他那里，理论与实践统一，传统与现代相融，奔放的激情与冷峻的思考共存。这种思想上的成熟、矛盾中的统一，使李镇西的"人格教育"有了深厚而坚实的基础。

李镇西是一支"蜡烛"，一支不断生长的、辉煌的"蜡烛"！

在采访中，我真切地感受到，李镇西是在用整个心灵深深地迷恋着苏霍姆林斯基；他的所思、所行，无愧于苏霍姆林斯卡娅对他的赞誉——中国的苏霍姆林斯基式的教师。

（原载《中小学管理》，1999年第5期；后被李镇西所著
《走进心灵——民主教育手记》一书全文收录，
四川少年儿童出版社，1999年11月出版）

2006年3月12日，来自全国各地的1680人潮水般涌入河北衡水中学，实地考察取经。近几年，在衡中，这样火爆的场面一再出现，共有来自全国30个省市的6万多人前来参观，其中不少学校已是多次来访。

在这个原本薄弱的学校，人们感受着普通人创造的辉煌，感受着"一个教育神话"的魅力。这里，吸引人眼球的、让人服气的事很多。其中，当然包括那硬邦邦的高考成绩——2005年，衡中的多项高考指标均以绝对优势名列河北省第一，有35名学生考取清华、北大，学校获高考全省六连冠。更为重要的是，衡中人坚信"素质教育更能提高升学率"，从而跳出了通过"应试教育"而赢得应试成绩的陈腐之路，开辟了一条通过在核心领域实施素质教育，全面提高学生素质的光明之路。这条路，使这个没有一流生源，亦无一流师源，在半城半乡的地区发展起来的高中校获得了跨越式的发展，来此参观者无不为之感叹、感慨与感动。他们由衷地对衡中人说："你们是真正的英雄！"

本期，我们"封面人物"的主人公就是为创造衡中辉煌立下汗马功劳的原衡中校长、现任衡水市教育局局长的李金池。

/ 本立而道生 /
——李金池视界中的升学率

在中国，对与教育相关的人来说，恐怕没有哪个词比"升学率"的分量更重。小小的一个词，含载着太多的希望，太多的痛苦，太多的不能承受之重。近十年来，在素质教育大讨论、大推进的过程中，"片面追求升学率"受到了前所未有的谴责，但是这并未阻止人们"片追"的脚步——尽管他们已精疲力竭，甚至遍体鳞伤。强大的惯性以及一些新的因素的加入，使得本已十分残酷的竞争变得更加白热化。手段成为了目的，结果湮没了过程，人们在被异化的道路上越走越远。

像无数个在这条道路上艰难行进的人一样，李金池也有过身心俱惫、几乎窒息的感觉；但与那些无奈地继续沿着习惯的路径行走的人不同，他不甘心让自己的生命，更不甘心让老师和孩子们的生命在这条越走越窄的道路上无谓地消损、耗竭。他决心另辟蹊径。

他选择了一条回归本质的路。他认为，高中教育的功能是培养完整的、全面发展的人，而优化师生成长的环境，通过实施素质教育，真正解放学生，是实现上述功能定位的基本要求。李金池相信，按照这一思路在管理上做足文章，我们就会收获"主产品"——学生素质的全面提升，同时，"副产品"的收获——升学率的提高亦水到渠成。

这是一条鲜有同路人的并不轻松的路，但它对李金池有着足够的吸引力。他认定，一条直抵本质的路会越走越宽阔，越走越光明。大方向明确后，他坚决摒弃窄化高中教育的功能、直奔升学主题的传统做法，转而把主要精力投入在外人看来似乎与提高升学率并不直接相关的工作。在他的视界和话语系统中，教育者的精神境界、学生的主动发展、学校制度的公平公正、师生的激情燃烧都是升学率，或者更确切地说，都是影响升学率之"本"。抓住了这些"本"，就会产生纲举目张之效。

结果——"君子务本，本立而道生"。他成功了！

那么，李金池是如何创造与坚守衡中理念，在新的意义上诠释与解读升学率的呢？让我们一起来看——

精神境界—升学率："把学校建成'精神特区'"

1996 年，李金池提出把学校建成"精神特区"的主张。

在此之前，李金池在学生中做过一次问卷调查。这次调查使他得出了一个结论：教师的职业态度、精神追求不仅直接影响学生精神品质的形成，而且直接影响学生学业成绩的提高。李金池用一个函数式来说明上述观点，即 $Y=KX$。Y 是因变量，表示教师的教育效果；K 是系数，表示教师的精神境界和人格修养；X 是自变量，表示教师的业务能力。这个函数式说明：教师的人格力量与他的教学效果呈正相关。

这次调查得出的结论与李金池平时对学生的了解相吻合。他说："你这个老师是不是称职，教书对你来说是职业还是事业，是责任还是兴趣，学生看得一清二楚。如果他感觉你正直、高尚，热爱自己的事业，他就佩服你、崇拜你。同样的话，你说出来，他愿意听；同样的课，你来讲，他愿意学。所以老师的这种人格力量、这种精神层面的东西，本身就是教育质量，就是升学率。"

当然，"K"这个系数不是自然生成的，它需要学校管理的干预与调整。看到有些教师信仰迷失，热衷于外出兼课捞钱，李金池十分心痛。在他的心里，学校就该是精神殿堂。他容不得这块净土被玷污，于是提出把学校建成"精神特区"的主张。他认为，抓教师队伍建设，首要的一点就是提升教师的精神境界。只有在此前提下，教师的业务素质和业务能力才能有大的提高；也只有这样，才能使一种弥足珍贵的稀缺资源——学生生命形态中的美好品质得到保护。

为了创建"精神特区"，李金池要求领导干部做到"办事公道，作风正派，无私奉献，埋头苦干，一身正气，两袖清风"。学校第一期住宅楼建成后，校领导把最好的楼层、最好的位置让给了骨干教师，这件事很快在校园内外传为佳话。在以后的几年里，李金池等班子成员又把获得"五一劳动奖章获得者""全国教育系统劳动模范"等"重量级"荣誉称号的机会全部给了一线教师。每年高考后发奖金，校领导分文不取。平时，李金池所拿的奖金也只是全体教师的平均数。

为了创建"精神特区"，学校要求教师做到远离庸俗，远离铜臭，远离低级趣味，远离不正之风。后来，他又对教师提出了不准外出兼课、不准从事有偿家教、不准集体接受家长宴请、不准接受学生的贺礼等六项具体要求。领导班子向青年教师公开承诺：新教师来到衡中，不用分心考虑与校领导的关系如何，工作干好了，自然会得到领导的认同；也不用分心考虑奖金、荣誉、职称、房子等问题，所有这些都由领导来考虑，工作干好了，一样也少不了。

经过几年的努力，师生的精神面貌发生了翻天覆地的变化，敬业奉献成为教师的自觉追求。几乎每天晚上，教师备课楼都灯火通明，晚上 11 点，学校领导要亲自"命令"教师回宿舍休息；每一次成绩检测，教师都连夜评卷，"试卷不过夜"已成为习惯；学校每次组织教师赴外地听课考察都是日夜兼程，从未有人提出游玩赏景；这么多年，没有一个教师找校长要过一官半职或物质待遇……"特区"积聚的精神力量渐渐化为师生可以享用终生的宝贵财富，也化为了升学率的年年攀升。

素质教育—升学率："素质教育更能提高升学率"

"素质教育更能提高升学率"，是李金池的一个著名论断。这一理念的提出，源于他对素质教育的深刻思考和理性把握。

衡水中学建于 1951 年，是衡水县办的第一所中学，后来上划衡水市直管，但招生范围仍为原衡水县的管辖范围（城区人口 20 万，农村人口 18 万）。学校长期处于落后状态，到上世纪 90 年代初，衡中仍是当地有名的薄弱校，虽地处行署所在地，但衡水地直的很多干部都把子女送到乡下县城上高中，已经上了衡中的也陆续转学。

1992 年，李金池被任命为衡中校长。上任后，他带着教师们到周围地级市的重点中学去参观。"走进人家的校园，我们就像刘姥姥进了大观园，这才知道自己与别人相差有多远。"那时，李金池承受着从未有过的压力。他忍辱负重，卧薪尝胆，靠着透支生命，带着老师们苦干三年。终于，1995 年高考，衡中夺得了全地区 11 所县重点中学的第一名。消息传来，全城轰动，老百姓奔走相告，市里四套班子的一把手都到学校为他们庆功。庆功会上，李金池喜极而泣……

1996 年高考，衡中保住了第一，但这次没有庆功。一方面，全国范围的素质教育大讨论已经开始，"应试教育"受到前所未有的谴责；

另一方面，李金池心里明白，在两年高考"第一"的背后，衡中人付出了怎样沉重的代价：大题量、满堂灌、耗时间，使学生累得发昏，老师累得吐血，师生厌教、厌学的现象十分普遍。当时，就有教师提出"红旗到底能打多久"的问题。

这一切促使李金池静下心来反思，"像我们这样一个属于'第三世界'的农村中学，要想办出点名堂来，靠竭泽而渔的办法、走'应试教育'之路是绝对行不通的。可是，素质教育的路子在哪里呢？"

在当时的素质教育大讨论中，人们对素质教育的理解见仁见智。柳斌同志阐明了素质教育的三个要义，李金池学习后感到很受启发，但仍有几个问题不明：第一，素质教育的本质是什么，它与"应试教育"最根本的区别在哪里？那时，人们的思想还比较混乱，不少人把课堂之外的东西统统说成素质教育。第二，在一所学校里，落实素质教育的突破口在哪里？第三，素质教育与升学率是什么关系？

那时，李金池感到十分困惑：升学率上不去，老百姓不答应，行政官员不满意；升学率上去了，又说你是搞"应试教育"。他清楚地记得，当时市里一个有相当身份的领导对他讲："说你们衡水中学搞素质教育，有人信吗？你们每年有几百个学生考上重点大学，这能叫素质教育吗？你看人家××中学一年就考上几十个，每天都组织活动，那才叫素质教育。"

怀揣着无数个问号，李金池开始走出河北，到山东、江苏、北京、上海等十几个省市的近百所学校和教育科研单位进行考察。与此同时，他还认真研读了报刊上有关素质教育的文章。

通过考察、学习和思索，他开始形成自己的观点：第一，素质教育最本质的要求就是解放学生，唤醒学生的主体意识。那么，什么是"应试教育"呢？有人说是"时间加汗水"，李金池不这样看。他说："'时间加汗水'是勤奋，'应试教育'的本质是对学生的压抑、控制、束缚与禁锢。"第二，素质教育的主阵地是课堂教学。离开它，谈素质教育是舍本逐末。第三，推进素质教育与提高升学率并不矛盾。素质教育比"应试教育"更能提高升学率。采取强行灌输、增加应试练习等办法虽然也能在一定程度上提高学生的考试成绩，但它是以学生受压迫为代价的，因此，只能把升学率提到一个有限的高度。

接下来的关键性工作是把自己对素质教育的认识变为全校教师的共识。1996年秋到1997年春，李金池在全校开展了关于素质教育的大学习、大讨论、大反思。这在衡中发展史上是一个转折点。学校多次请专家来校讲学，频繁派教师外出学习，学校领导、骨干教师轮番登台畅谈学习体会。大会报告，小会讨论，榜样示范，案例分析，倾盆大雨，涓涓细流，整个活动搞得既轰轰烈烈又扎扎实实。

一次，在全体教师会上，李金池说："如果真正实施了素质教育，学生获得了解放，那么学生的学习积极性和主动性就会被极大地调动起来。那时，升学率的提高就是自然而然的了。"

不少教师渐渐认同了李金池的观点。在此基础上，衡中在以落实素质教育为宗旨的课堂教学改革方面唱了"三部曲"——

第一部：出台《衡水中学课堂教学改革的指导思想》，提出"低耗时，高效益，轻负担，高质量"的目标，以及"三个转变"（变注入式教学为启发式教学，变学生被动听课为主动参与，变单纯知识传授为知能并重）、"五个要让"（要让学生自己观察、自己思考、自己表述、自己动手、自己得出结论）的要求。他们还将过去向教师压升学率指标的做法转变为向他们压一定的科研任务。为了把教学内容和课后习题的难度降下来，教务处明确规定了每次期中、期末考试各科试题的难度系数和平均分低限指标。

第二部：把陕西师范大学张熊飞教授的诱思探究教学思想引入课堂教学。其主要精神是变教为诱，变学为思，以诱达思，促进发展；在课堂教学中充分实现学生的主体地位，让学生动手做、动耳听、动嘴说、动眼看、动口议、动脑思、动情读。这一思想引入校园后，课堂教学改革进入了一个新阶段。

第三部：把素质教育由课内延伸到课外。（1）削减学科授课时数，增加学生的自主学习时间。语文、外语的周授课时数减少到三课时，其他学科也作相应调整。增设大阅览课（学生可自选阅读内容，广泛涉猎各领域知识）和学科阅读课（语文阅读课不少于四课时，规定最低阅读量、摘抄量、写作量）。（2）放开自习，实行学科自习和综合自习双轨制。学科自习，教师只可辅导，不准变相占用，每节自习课的最后七分钟组织学生进行合作学习，或讨论或辩论；综合自习（每天两节），教师不许进教室。（3）实行作业限时制（必做作业控制在学生20分钟内能完成）和作业自助制。"自助餐"式的作业形式，要求教师精心加工，但不能强买强卖，学生做不做、做多少完全由他们自己决定。这些改革把学生从被教师控制的自习课和浩瀚的题海中解放出来，从制度上保证了学生主体地位的落实。

可以看出，贯穿在"三部曲"中的一条主线，就是唤醒学生的主体意识，落实学生的主体地位。

无疑，改革的整个进程都是无比艰难的。拿观念的转变来讲，"应试教育"之弊与素质教育之优似乎无人不知，但要真正实现观念的彻底更新却是一件非常困难的事，它意味着教师的自我否定，意味着他们要抛弃那些已经渗透到血液之中，甚至已经转化为自己生活方式的传统的教育观念和教育模式。这一过程是漫长而痛苦的。同样艰难的是随即进行的课堂教学改革，它造成了部分教师心理上的恐慌。有人到李金池那里公开"叫板"："你推出这个方案，我们适应不了。要我们改革，就要允许失败。""不行！我们的改革方案是有科学的理论依据的，是被先进地区的经验证明了的，是经过反复研究和论证后推出来的。照此方案改革，只会成功。如果失败了，你就是假改革。"李金池在大会上斩钉截铁地说。显然，这话有些过头。"但在当时的情况下，如果允许失败，就会为那些惧怕与逃避改革的人留出一条'华容道'，改革就会流产。"

平时为人宽厚的李金池此时变得有些苛刻。为强力推进改革，学校成立了专门负责教学改革的机构——教科处（这在当时还不多见），并采取了一系列非常措施：一是"逼上梁山"。比如，以往教师之间评课几乎都是唱赞歌，改革后，教科处每周都要安排一定量的听评课，并且提出三条要求：（1）所有听课者都必须参与评课。（2）所有评课者都必须对照"三个转变""五个要让"的标准先给授课者提三条缺点，再讲一条优点。（3）前面的人讲过的优缺点，后边的人不许重复，要讲新东西。为了落实这三条要求，李金池亲自坐镇参加评课。为了不使自己处于被动地位，教师们在评课时争先恐后，踊跃发言。结果是，不少授课教师被评得满头大汗，恨无地洞可钻。现在看来，这种做法的确有些过头，但李金池认为，矫枉必须过正。事实也证明，在当时，这种做法对于转变教师观念，提高他们的教学水平，确实起了很大的作用。二是"唤起民众"。把改革方案告诉学生，让学生知道改革会给他们带来哪些好处。学校规定，如果哪位教师没有落实"三个转变""五个要让"，学生就可以在课堂上给教师递字条，课后可以到学校反映，甚至罢课。

正如李金池所预料的那样，被解放了的学生焕发出极大的学习热情。在课堂上，他们积极思维，大胆创新。一次，在进行作文立意训练时，不少学生打破常规，逆向思考。如用"班门弄斧"一词立意作文，意为"弄斧"就要到"班门"，"要敢于向权威挑战"。离开课堂，学生们仍自觉自愿地抓紧一切时间学习。一位到衡中考察的教师说："最让我们难忘和感动的是，即使在短短的待操时间，学生们也都手拿各种资料，全神贯注地学，不受任何人的干扰。"

逐渐摆脱"应试教育"束缚的衡水中学从 2000 年开始，高考的主要标志性指标大幅攀升，以后每年都保持了强劲的增长势头。

公平—升学率："公平也是教育力"

站了多年讲台的李金池有一个重要的体会：公平也是教育力，也是升学率；公平是竞争的前提，没有公平，竞争的动力源就会枯竭。他认为，搭建一个公平竞争的舞台，让师生尽情展示自己的才能，是激发教师积极性、提高教育教学质量的最有效的办法。

在衡中，流传着这样一句话："两眼一睁，开始竞争。"所有的竞争都是建立在公平的基础之上的——

在用人上，李金池认为，用人的公平是最大的公平。学校提拔干部唯才是举，公开岗位，平等竞争，群众评议，择优聘任。教职工竞争上岗，人人都有选择工作岗位的自由。

在教学常规管理上，新生入学实行微机编班，班主任和任课教师随机抽班上任，校领导、教职工的子女一律不准选班就读。在平行班任课教师的配置方面，努力按公平均衡搭配的原则进行优化组合。为了确保教师公平地享有时间，学校对各学科课时进行科学的分配，教师以任何形式拖堂、提前上课、挤占学生的自习时间都要被警告。此外，严密组织每一次考试，比如：正式答卷铃响前答卷，扣30%的分数；考后实行年级之间交叉阅卷、流水阅卷，以确保对教师工作考核的公平。

在学生管理上，班主任在座位调整、任课教师在课堂提问等方面对所有学生一视同仁。

衡中教师在公平与和谐的氛围中"竞争，并快乐着"，他们心情舒畅，勤奋工作成为一种自发的行为。一个群体的努力，必定带来学校教育力的大幅度提升。

激情—升学率："让激情之火燃烧校园"

在"激情燃烧的岁月"中成长起来的李金池深信激情的强大"魔力"。他断言：没有激情的学校是没有希望的。他大声疾呼："让激情之火燃烧校园！"

建设激情校园，从招聘教师开始。从1999年起，衡中招聘大学毕业生，首先要看应聘者有没有激情。没有激情，其他方面再好也不要。

课堂教学是创建激情文化的主阵地。衡中把师生激情互动作为课堂教学评价的一个重要方面，提出："没有激情的课堂教学不是好的课堂教学。"在李金池看来，创造"激情课堂"，就是要使学生对知识本身有一种寻根问底的热情，在挑战自我、挑战权威的过程中享受创造的快乐，感受智慧的力量。为此，衡中鼓励学生敢于怀疑名家、怀疑定论、怀疑教材、怀疑教师，敢于标新立异。他们还要求教师勇于承认一时的错误，欣赏学生的真知灼见。

李金池说："一个人的中学时代是最容易产生激情和梦想的时代，在这个时候，没有什么比爱国情怀更能激发学生持久的、强烈的学习热情。"

走进衡中，你就会为校园中洋溢的浓浓的理想主义和革命英雄主义的氛围所感染。"为中华之崛起而读书"九个大字红光闪耀。每天跑完早操后，很多班级的第一件事就是全体起立，情绪激昂地诵读爱国诗句："大江歌罢掉头东，邃密群科济世穷""死去原知万事空，但悲不见九州同"……很多班级的课前一支歌是《大刀进行曲》《松花江上》。从1997年开始，学校每年都要举行"为振兴中华而发奋读书"的大型报告会。每次报告会，学生们都会热血沸腾，有的到晚上还激动得很长时间无法入眠。

通过集体主义教育调动学生的激情也是一种有效的方法。每年，衡中都要组织新生进行远足活动，人人背负五千克的食物和水，徒步急行40千米。一千多人的队伍绵延1.5千米，军容严整，歌声嘹亮，口号震天。同学们互相激励着、搀扶着，依靠集体的力量，咬牙走完全程。当他们一瘸一拐地列队返回学校时，老师和高年级的同学在校门口夹道欢迎，有的还推开教室的窗户，为他们欢呼鼓掌。小同学们唱着班歌、校歌，挥动着军帽，就像凯旋的战士，一个个激动得热泪盈眶。

到过衡中的人都对他们的课间操印象深刻。2003年4月，李金池陪北京海淀区的校长团看学生跑操。看着看着，有几位客人掉下了眼泪。李金池问："怎么了？""激动的，我们简直是在观看阅兵式啊，你们的学生太振奋了，有一股压倒一切的气势，真让人激动啊！"

2004年春，一位记者到衡中采访后对李金池说："在衡中的几天，我始终被一种昂扬向上的激情包围，仿佛一下子回到了新中国成立初期那战天斗地的火红年代。这里简直就是一个激情燃烧的校园啊！"

在这个"激情校园"中，学生丢却的是捆绑在他们身上的枷锁，获得的是无价的精神财富与强大的内驱力。

在我的印象中，李金池是那种没有什么官气，却让人丝毫不敢轻视的人。做人、做事，他自信执着、求源务本。他对升学率的全新解读以及成功实践，让我们真切地感受到执着地"务本"的力量。

无疑，李金池是成功的，但在他那里，我很难看到一些成功人士惯有的得意之态，倒是有几分脱不掉的沉重如影随形。他告诉我，他还有很多感到困惑的事，真的不敢有丝毫懈怠。是的，为了在更大的范围内推广衡中理念，李金池依然在苦苦地思索着，艰难地实践着，一如当年。

（原载《中小学管理》，2006 年第 7 期）

/ 诗性的校长 诗性的管理 /
——访江苏省苏州第十中学校长柳袁照

记　者： 谢谢您接受我的采访。近几年在媒体中，"柳袁照"的名字经常是与"诗"联系在一起的，称您为"诗人校长"或"校长诗人"的不少，但我更愿意将"诗人"换成"诗性"，因为这里的"诗"好像不单是一个文体的概念，而是弥漫在您做人做事中的一种品性、一种情怀、一种底色、一种格调和气质。不知道您是怎么看自己的？

柳袁照： 您说得对。我不是想做一个诗人，"诗人"的头衔对我并不重要，我写诗是想让自己多一点"诗人的气息"，让我们的师生尽可能"诗意地栖息"。没来苏州十中（以下简称十中）做校长前，我几乎没有认真写过诗，而现在写诗已成为我工作与生活的一种方式。我喜欢诗意地表达。

记　者： 您是从什么时候开始与诗结缘、对诗着迷的？

柳袁照： 我与诗结缘，是与我的生命成长连在一起的。在读中学和大学时，我只钟情于诗歌。那时，我把自己能找到的古今中外的所有诗集都找到了，能买的也都买了。在中文系的课堂上，我只看诗歌与诗论。当时，只有《解放军文艺》等刊物经常刊登诗作，每一期我都有。我曾想用一生去研究一个诗人——杜甫，喜欢他对苍生的关注、对"人"的关注；但他太悲悯，有时让人透不过气来。现在，我最喜欢的是泰戈尔，他的爱弥散在他的诗歌中，弥散在天地间。我还喜欢仓央嘉措，在他的吟唱中，全是人性。

记　者：那时您也写诗吗？

柳袁照：也写，写在一个小本子上，没有投过稿，也几乎没有读者，后来我把那时写过的诗装订了三册，被女儿收藏起来了。我与诗有过中断，28 岁到 45 岁没看过诗，也没写过诗，完全不知道那一阶段中国的诗坛发生了什么。

记　者：为什么戛然而止？

柳袁照：那是一个偶然。在农村教书时，有一天看朱光潜的诗论，他说写诗往往会把一个年轻人的一生都毁了，许多人只写诗，而忘了做其他事。我看后，吓出一身冷汗。几乎是同时，我把自己的一组诗拿给我很崇拜的语文老师秦兆基，他看了看说："这个还能算是诗吗？"这句话如一盆冷水当头浇下。从此，我与诗告别，专心在学校教书、在机关写公文。

记　者：后来是怎么"再续前缘"的？

柳袁照：十中被媒体称为"最中国的学校"，是十中这个园子唤醒了我的诗情。2008 年，我又开始写诗了，并把一组散文诗拿给秦老师看，这回得到了他的喝彩。让我无比感动的是，秦老师兴致冲冲地写了一篇比我的原文还长的评论，结果，我的诗作和他的评论不久就在《散文诗世界》发表了。之后，我写诗的兴致越来越浓，陆续在一些权威诗刊上发表诗作，还出版了几本诗集。

记　者：我也发现，您大规模发表诗作也就是最近四五年的事。如果说高中以后是您"诗性的成长"，那么近几年就是您"诗性的爆发"。这中间近 20 年的"空白期"，看似断裂，但我相信，您的"诗心""诗情"未泯，是这样吗？

柳袁照：可以这样说。近 20 年无论是在机关还是在学校，我都是一个极率真的人，或许这也可以称为一种诗性。

因为追求本真，所以我喜欢灿然的状态，喜欢原生态的美；而且，几乎所有的自然景观都会带给我对"人"、对"教育"的联想。记得那年在挪威，我看到被称为"生命之柱"的人体雕像——121个人体浮雕沿着石柱向上盘旋。那种力量、那种赤裸裸的欲望、那种让人失魂落魄而又热血沸腾的形象，几乎让我窒息。那一刻，我感到自己真的成了太阳下的一个"裸孩子"。山川河流宠我，飞禽走兽宠我，花卉草木宠我，我生活在无限真诚、朴实、友善而又充满"力"与"美"的世界中。

我到过许多地方，喜欢摄影，也喜欢写游记。一年前，我对着拍摄到的"朝日""夕阳"写下三段文字，第一张图片是在天上拍的，第二张是在海上拍的，第三张是在旷野上拍的。其实，做校长也是这样，有时在天上，有时在海上，有时在地上。无论哪里，都有风光。

记　者：您作为一个诗人和作为一个校长，"底色"是一样的吗？

柳袁照：应该是一样的，但可能会有一些"光"的变化，在阳光下与在月光下应该有一点区别。我的诗作就色彩而言，多属于历史，有一种淡淡的、挥不去的"紫色的忧郁"，但它的灵魂与我的追求一样，属于未来。

记　者：您很忧郁，但也很积极，这两者矛盾吗？

柳袁照：忧郁是我的内在气质，我的思想和行动还是很积极的。我常常觉得自己是个"边缘人"和"矛盾体"：既像老师，又像作家；既在做学校，又像在做园林；既很理想，又很现实；既怀恋传统，又向往未来……其实想想，这种种"矛盾"也是可以共生共存的，就像苏州的刺绣"绝活儿"——"双面绣"一样。

记　者：我认识不少爱诗的校长朋友，但他们大都将品诗、写诗作为个人的一种业余爱好，而您却有意识地将诗性推广到办学，转换为学校的一种精神、一种追求。您为什么希望学校与您一样诗意盎然？

柳袁照：我对诗的热爱不仅仅是个人的一种喜好，更是我的教育理念、教育理想的产物。我所提出的诗性教育的三个特征——"本真、唯美、超然"，是我对教育现状与教育应有的价值进行深度思考的结果。

在我看来，学校应该是最真、最美、最善的地方，校园应该洋溢着诗的气息，因为学校是孩子们裸露灵魂的地方。但现在，我们看到不少"善意的摧残"——目的多为善，而手段却实在是一种摧残，更谈不上诗性与诗意。

更可怕的是，教育的功利主义和浮躁病已相当严重，工具理性严重膨胀。如何区分教育的热情与浮躁、高效与功利？企业发展的一些理念和经验能照搬到教育中吗？这些都需要我们追问。

教育是人学，但现在往往被窄化为知识的教学。文学也是人学，在我们的传统中，教育与文学是很相通的，但现在，它们的关系却被割裂了。文学在今天的学校中只是语文学科中的几篇课文，而不是日常教育生活的一部分，不是弥漫在校园中的一种气息。今天，教师的人文素养严重缺失，即使是语文教师、历史教师，也是这样。

我们可以考察一下苏州历史上的几位教育大家。比如叶圣陶，他先是一个教师，然后是一个作家、文学编辑。在他身上，"教师"与"作家"是融合在一起的，没有他在文学作品中对"人"的深刻反省与表达，也不会有他对教育的深刻理解。再如范仲淹，既是教育家（创办了苏州中学的前身苏州府学），又是诗人、散文家。

再来看看我们今天的学校，还有几位语文教师能成为作家？在不少学校，如果一个语文教师写诗、作文，就会被认为不务正业。如此，怎能有教育、学校和教师的人文情怀与诗意？我们现在十分强调校长和教师的"专业发展"，这是必要的，但我总觉得还少了些什么。我们会不会只专注于他们"技术"的发展，而疏忽了他们的人文素养？我们不应该把教师局限在课堂里、狭窄的"专业"中发展，而应该把他们放在其人生的宏大背景中去发展。

记　者：是的，当教师被日益"功能化"后，他们作为一个完整的生命体的发展需求就会被遮蔽，而其负面影响，绝不限于他们自身。

　　柳袁照：还有，在古希腊，"诗人"与"创造者"同义。科学发明要靠想象，写诗也主要靠想象，在这方面，两者是相通的。但我们今天在创新型人才培养中，却只注重提高学生的科学素养，而忽视人文素养，包括诗性的养成。

　　记　者：我很欣赏您的一个信念——"未来：将面向优秀的传统"。的确，很多时候，我们都能从优秀的传统中找到消除时弊、走向未来的通道。您很深入地研究过十中的历史吧？

　　柳袁照：是的。十中的百年历史就是诗性的历史，我只是自觉地继承和弘扬而已。杨绛、费孝通、何泽慧、李政道等都是我们的校友，他们的人生就是诗意的人生。十中（他们上学时叫"振华"）影响了他们，而他们也影响了十中，成为十中历史中最珍贵的收藏。

　　比如，杨绛是我们的骄傲。她的内心极为清静。她不见媒体，不见外人，无论是官是商是名人，都一概不见。这是她的性格，也是她的心境。但我们几乎每年都去看望她，如亲人见面。

　　还比如，大作家叶圣陶曾是我校教师，专门辅导学生写作；大作家苏雪林、小说《红岩》的责任编辑张羽曾是我校的国文老师；大画家颜文梁曾是我校的美术老师；章太炎、胡适等名流也曾作为兼职教师，多次莅临学校讲座……许多校友、教师的人文素养都是我们后辈无法企及的。他们中的很多人尽管是科学家，但其文学、艺术才能比我们现在的所谓专业人士还强得多。

　　记　者：除了这些名教师、名校友，还有很多普通的老师也对您产生过直接的影响吧？

　　柳袁照：是啊，十中是我的母校，我的诗性的养成，离不开这个园子，离不开这里的老师。就拿前面提到的我的高中语文老师秦兆基来说吧，他这辈子写了许多与高考无关的"无用之书"，其中有 13 本入藏美国国会图书馆，但荣誉几乎与他无缘；他是初中语文和高中语文苏教版教材的主要编写者之一，他对语文教学的理解，少有人超越，但"特级教师"的称号也与他无缘。他是一个"布衣"，没有什么"光环"，但他的人生高度却是我们这些薄有虚名的人无法企及的。他是一个把写作融入自己生命的人，不在乎别人怎么说。

还有我在十中遇到的第一个语文老师奚文琴，当年她给我们讲的什么，我都记不清了，只记得她上课的语调舒缓，生气时也是儒雅的样子。我有一种感觉，奚老师的眼睛总是对着我的，多少次同学聚会，我都不无得意地讲这个，但无奈的是，同学们都说我是错觉，因为他们觉得，奚老师的眼睛也总是对着他们的。我们的一位年轻老师听了这个故事后说：什么是教育？奚老师的那个眼神就是教育！

在十中的历史上，这样可亲可敬的老师难以计数。所以，我们在十中的"闻道廊"上镶嵌着名校友的名字，而在初中部的"振华廊"上镶嵌着十中百年历史上每一位普通教师的名字。在我眼里，他们都是大家，而以大家培育后人，后人自然容易成为大家。

记　者：真羡慕您能在十中的怀抱中成长，受到这样的滋养，而若干年后又回到这个园子做校长，天然地传承着它的文化血脉。

柳袁照：我也觉得自己很幸运。可以说，诗性教育就是我们面对时代要求，在回归优秀传统的过程中，自觉地进行"创造性转换"而形成的办学理念。它是有"根"有"源"的，是十中文化血脉的一种自然流淌。在我看来，在传统与现代、理想与现实之间，诗性是最好的桥梁。

记　者：您所提出的诗性教育可以在学校的各个层面伸展。在这里我特别想知道的是，作为校长，您是如何在管理中体现诗性的，"本真、唯美、超然"在管理中指的是什么？

柳袁照：诗性管理是文化的管理、气息的影响，它看重的是"浸润"和"体验"。

在管理中，"本真"就是天然本性、不反人性；就是遵循人最真实、最自然的生命本意，发现和开掘每个人生命中最绚烂也是最初的辉煌，还原个性本身的美感。管理的最高境界，即返璞归真，这是教育最重要的回归，它使我们回到教育的逻辑起点：如何尊重人的天性？"本真"要求我们在管理中"务本"，关注师生作为"人"的发展，而非"工具"的发展，要剥离掉附加在人的教育之外的种种累赘。

管理中的"唯美"就是将培育美好人性视为最高目的，高扬价值理性，尽最大可能去工具性、去功利性；就是追求理想，"文质彬彬，然后君子"。如教师自由空间的获得、生命价值实现的愉悦、美好情感的高峰体验、人情之美、人际和谐、个性绽放等，都是其表现形式。

管理中的"超然"源于"达悟"。它首先表现为一种超脱世俗的态度，即以一种高远的境界、宽广的视野，摆脱现实中的种种窠臼，使被管理者自觉地、纯粹地、自然地求美求善。在手段上，它跳出具体管理环节的缜密，看趋势，看长远，不拘泥于当下，不斤斤计较，不使被管理者步步惊心；它主张无为而治，看重"场"的效应，着力激发被管理者的内驱力及其自律、向善的一面，让他们在自主管理中实现成长。

记　者： 您在实行这样一种诗性管理的过程中，把用力点放在哪儿？

柳袁照： 我喜欢做"两头"的事情，就是"宏观引领"与"微观进入"，"中间"日常的具体管理交给其他管理者。我有一个办学感悟：一个校长不在于他具体管了什么，而在于他是否营造了一种气息、一个"文化场"；校长在具体事上做得越多，可能越糟糕。我们摒弃了"火车跑得快全靠车头带"的管理理念，除了校长这个"车头"要做好引领外，每节"车厢"、每个"接点"都要像"动车组"一样，有自己的"动能"。如十年前，我们就实行了扁平化管理，给其他管理者和教师提供广阔的自主管理的空间。

记　者：您所谓的"宏观引领"主要体现在哪里？

柳袁照：主要体现在用思想来"领导"学校。比如：将十中百年前"诚朴仁勇"的办学理念，发展为体现"本真、唯美、超然"之本质内涵的"质朴大气""真水无香""倾听天籁"的文化精神。"质朴大气"就是一种实而厚重、素而无华、纯而不杂、真而简明的精神。"真水无香"就是学做真人，不雕琢，不作假，纯朴一生，远离世事纷繁，甘食粗粝，不染粉华，修美于内，探求师道。"倾听天籁"就是倾听自然之声，按万物发展规律做事，保持自然真诚之本性。

与此相应，我提出"以学校的每一天成就每一个师生的本色人生"的理念。现在，它不仅成为大家的"座右铭"，而且成为"让每一天都美好地留在学生心灵深处"的一种积极的行动。

我希望以一种超然的情怀来办学。我始终告诫自己，也告诫老师们，要记着泰戈尔的一句话——"教育的目的应当是向人类传送生命的气息"。

我把"平等"二字看得很重，没有它，谈何"以人为本"？我很看不起一些校长摆着"救世主"的架势，高于老师一等，在那里发号施令。让我感到欣慰的是，在我们的校园，人人平等相处，共同发展；校长走近教师、教师走近学生已成常态。

我竭力营造"让学生推着老师走"的氛围。因为我确信，那是真正意义上的"教"与"学"的自觉，是教育的美妙过程与理想境界。

我主张将"以名人为本"代之以"以每一个普通的师生为本"，这是其一；同时，又要努力把每一个普通的师生培养成明天的"名人"，这是其二。

我常思考，为什么在我们现在的教师队伍中，走不出叶圣陶、苏雪林、张羽这样的老师？在我们的学生中，走不出杨绛、彭子冈这样的学生？思考后我提出，不要把师生"圈养"、束缚在校园内，要允许他们"进出"自由，成就大事业，这样的学校才是真正伟大的学校。

我有一个理想：构建"审美课堂"，让课堂洋溢道德与审美的光彩。比如：庭院深深、曲径通幽、有限与无限等构园原则，以及"皱、漏、瘦、透"的太湖石审美原则，是不是也可以作为我们构建课堂美学的原则？我主张把课堂看成一片茫茫无际的草原，师生一起骑着骏马，自由奔驰在草原上，这才是现代教育的理想状态。然而，我们现实的课堂则像在高速路上开车，一切都无从欣赏与体验，剩下的只是对速度的追求。

如此等等，都可视为一种价值的、方向的引导。我想，这是我作为校长最重要的职责。

记　者：我看过您 2011 年的述职报告，其中谈到你们正在努力重塑教育的"灵"与"肉"。"灵"即学校的文化精神、办学使命，"肉"即学校的日常生活及其所呈现的状态。我想，这样的重塑，一定需要校长在"宏观引领"的同时进入微观领域，进入师生常态的、真实的生活之中，发现每一个细微之处的教育境界。

柳袁照：是的。诗性教育的"根"应该牢牢扎在校园的日常生活之中。"微观进入"意在走入现场、读懂师生、发现问题、寻找案例、树立典型、及时鼓励。老师当中有很多好的想法、做法，都是我在与他们聊天、参加教研活动、听课或者召开座谈会时发现的。而且，我自己也坚持上课，上排入课表的那种课。这样不离开一线，我觉得心里很踏实。

这几年开教师大会，我一般都不做报告，而是让老师们上台讲案例、讲故事。

我每年都特别重视自己的两次发言，一次是在教师大会上的述职，一次是在学生毕业典礼上的演讲。我会思考很长时间才写出稿子，其中会不惜笔墨讲我在平时发现的极有价值的、发生在每个人身边的案例。这样的引领远胜于枯燥的说教。

记　者：您 2011 年述职报告中的六个案例都非常精彩，非常感人。其实，哪所学校都不乏这样的案例，关键是校长有没有这样的敏感，有没有一双善于发现的眼睛。

柳袁照： 如果校长没有发现的意识，那么久而久之，大家也就冷漠了。当然我关注微观，也与诗性管理倡导通过文化浸润和情感体验来实现教育目的有关。在我们学校，立足于"浸润"与"体验"的活动很多，如"信任行走""五月诗会""十月诗会"以及"与太阳同行，60里徒步"活动等。2011年，我们还举办了"放飞青春"首届全国中学生校园诗会。每年，我们都要出版四本师生诗集。

记　者： 前面我们谈到现在的教师被"功能化""工具化""技术化"的问题。我想，这样在"流水线"上"作业"的教师肯定不能适应诗性教育的要求，那么，您是怎样通过诗性的管理来培养诗性的教师呢？

柳袁照： 说"培养"也许有点过，因为我真切地感到，我是与老师们共同成长的。过去我是一个"教育的管理者"，现在我是一个"教育者"。

记　者： 十年前您刚做校长时，也是这样吗？

柳袁照： 不是，是这所学校改变了我。我像我们老师，我们老师也像我，这就是文化浸润的力量。

有些校长来参观时总会问我："您如何让老师认同您的理念？"我说恰恰相反，我提倡的许多东西都来自老师、来自历史，不是自己凭空想出来的，也不是专家凭空"引领"的。

"和谐中有点儿不和谐，才是最大的和谐""教育成为一种自然的存在。只要用心聆听，到处都有天籁之音""以学校的每一天成就每一个师生的本色人生"，这些话虽然是我说的，但无一不是受到老师们的启发。

记得在一次会上我说："仿佛天从来没有变黑＼从我们建造的纪念碑上＼众神走下来＼拨动阳光。老师就是为孩子们拨动阳光的'众神'。对他们，我们只有敬仰，他们需要我们去管、卡、压地'管理'吗？"

我也曾是一位比较有个性的老师，深知教师诗性的舒展需要足够的空间与自由。前些天我在讲课时还告诉学生：诗在情感的表达上是没有统一模式的，有的直抒胸臆，有的曲折含蓄；有的粗犷奔放，有的细腻委婉。其实，教师也是这样，各具特色，各有所长。所以，我鼓励他们各美其美，鼓励争论，允许有不同的声音。

我发现，越是给大家空间，大家就越自觉。现在，许多会议和活动都是中层干部自主设计和组织，然后邀请我参加。再比如，原先学校提出"推门听课"，但现在老师们提出要改为"开门听课"，我觉得这是一个飞跃，是两种不同的境界，去华饰、存本色。

我相信，每个老师的内心深处都有诗的情结，都有梦想。作为校长，我希望自己能助老师们成就梦想，"成名成家"。我觉得，对教师，不能局限于鼓励他们写教学论文、研究教材教法。一位语文老师也可以是一位诗人和作家，一位数学老师也可以是一位数学家，一位政治老师也可以是一位哲学家。我们学校出版过一些教师的专业之作，但我想，仅有这个还远远不够。如语文教师应该多搞创作，写小说、散文、剧本、诗歌，这样才能摆脱"匠气"。让我感到高兴的是，现在，在我的带动下，师生写诗已成常态。校园中，各层次的诗会不断。我们学校除了我，还有四位老师被作为诗人推出。

记　者："我像我们老师，我们老师也像我"，这个画面好温馨啊！有时最柔软的东西其实是最有力量的，也是最好的融合剂。最后，让我们再回过头来看一下。我很想知道，在诗性教育实施一段时间后，您又有哪些新的感悟与理解？

柳袁照：我是一个喜欢边实践边琢磨的人。诗性教育的内涵与张力是什么？它对教师精神成长的作用是什么，又在什么程度上影响到教师的专业发展？诗性对校长实现专业发展的意义会被人普遍接受吗？这些都是经常盘旋在我头脑中的问题，需要反复思量。

虽然我认定诗性是个"好东西"，但也很清楚，它不能包治百病。

我只是试图从文化的视角，在个性化实施素质教育，以使孩子们尽可能成为"完全之人物"等方面打开一扇门。

有些人以为诗性教育就是"写诗的教育"，这是一种误解。教育首先是科学，所以理性是它的根，传承知识是它的本职，问题在于，我们不能仅囿于此，而疏忽了学生作为一个"全人"的成长。而且，诗性不是一味地浪漫，它是以和谐为宗旨的，即在所有的极端中，寻找到平衡点，这也是我所追求的。

记　者：正所谓"叩其两端而为之"。

柳袁照：值得欣慰的是，诗性教育的提出，出乎意料地得到大家的肯定。2010年，有一万人来学校参观，2011年也有几千人来参观，几乎所有省份都有校长、老师来；我也被邀到全国20多个省份讲学。我想，这不是因为我个人有什么特殊的好，而是这个时代呼唤诗性，许许多多教育人都在觉醒，都在呼唤诗性。

记　者：我觉得，这本质上是对"目的"的一种觉醒；"目的"是什么，也就大致规定了它的"方法"是什么。那么，作为诗人，您可以尽情挥洒；而作为校长，您会有很多现实的制约和考虑，这会造成一种冲突吗？

柳袁照：这就要有一种超然的态度。这段时间，我越来越强烈地感到，理性与感性在学校管理实践中不断冲撞，冲撞以后是互补，互补以后将是融合。

记　者：也许，教育的全部魅力、管理的全部魅力就在于它的复杂性和矛盾性。我想，做校长的会比其他人更多地体验到今天做教育的酸甜苦辣。简单讲一下您做校长的感觉吧。

柳袁照：2002年到十中做校长前夕，我写了一首《风景》：过去的我／真像一只不知疲倦的鸟／一朝醒来／我突然变成了一棵树／一棵再也不走／再也不盼顾／再也不漂泊／再也不浪漫的树／从鸟变成树／是一种痛苦一种失落一种悔悟／是天与地的默契／也许我会天长地久／站成一块化石／也许我会站成一道风景。

八年后，我又写了一首《一只倦鸟与一棵不走的树》，其中有这样两句：树的灵魂永远飞翔／恣意于愿望不能实现之时。

从"鸟"到"树"，再到"树的灵魂永远飞翔"，是我当校长的一个心路或轨迹。

记　者：如果您为自己在十中做校长十年再写一首诗，主题词会是什么？

柳袁照：还没想这个，也许会写"原石"吧！人的品性往往如"原石"的特性，多元而本色，雕琢并还原。

记　者：谢谢您接受我的采访，谢谢您充满诗意的表达。

（原载《中小学管理》，2012 年第 3 期）

/品味一位农村校长的品位/
——浙江新昌县澄潭中学李辛甫校长印象

　　早就听说浙江有个很棒的农村校长叫李辛甫，可直到 2011 年 7 月，我到浙江新昌讲课时才偶然遇见了他。当时来去匆匆，没有与他细谈什么，只是对他不经意间说到的几个管理"招数"印象深刻——学生入学时，中考成绩只有校长和教务主任知道，而对所有班主任和任课教师保密（学生毕业时可"解密"）；九月底，学生进入高中后的第一次考试难度很小，重在"考习惯"，学生只要在这一个月学习习惯校正得好，大都能考到 90 分以上，这样不把学生"考倒"的考试，意在使这些"二三流的生源"建立自信，形成好习惯；为了让学生能"跳出"题海，要求教师"跳入"题海（教师的做题量是学生的三倍以上，学生所有的作业、试卷都由本校教师自编），学生的练习资料一律不订，而教师买多少资料，学校均给报销；学校设立的一项奖学金不奖励在校生，而是奖励那些走出校门后学有所成的校友……

　　凭直觉就知道，他是一位在管理上"有一套"的校长，结果上网一搜，果不其然。"写他的"和"他写的"东西都多得看不完，其中有专家这样评价他的学校："澄潭中学是一所有思想、有品位、让人尊敬、令人感动的学校。""澄潭中学的底子，是一所农村薄弱学校……其成长的理念和路径，在全国具有示范意义。"

　　有了这些初步的了解，2011 年 11 月初，我来到澄潭中学（以下简称澄中）参加"走进教育现场——浙江省高中校长名校案例解剖式研修班"的活动。那几天，我一边不自觉地"被卷入"，与大家一起兴奋着、激动着；一边告诫自己，保持一种理性的、观察者的视角。我在努力捕捉着李辛甫带给我们的"意外感"与"陌生感"，确信能让眼前这三十几位不知听过多少报告且清一色的男校长"听醉了"（一位校长的描述）的那些稀缺的东西，就是我要寻找的"宝贝"。它一定与"人"相关，而非"事"的集合。

正好去澄中前刚读过《海底捞你学不会》，我很赞同宁高宁在序中对作者黄海鹰之高妙的那种解释："海鹰总善于把管理学所有技巧性的理论一直追溯到人性本质的深度来拷问……"这样深度拷问式的研究，与我的一个认识——"教育说到底是人性的一种投射、一种职业表达"——极为合拍。我相信，校长怎么做人，也就怎么做教育。他的人性假设、人格倾向、生命底色、举手投足等，无一不是最活生生的"引领"与"号召"。同时，这样的研究也特别适用于像李辛甫这样在"人性表达"方面很有"咂摸头"的研究对象。所以，尽管我知道它充满挑战，但还是想尝试着从这个视角品味这位农村校长的品位。

在我眼中，李辛甫是个心里装着"人忧虑"的知识分子。他曾花很大的精力执着于对社会现象、民族心理，特别是人性问题的社会历史研究。"正是怀揣着这份国家责任和教育情怀，我一直穿行在理想和现实、想法和做法之中，不断寻觅教育的真谛。"这样的"公共关怀"与寻根问底，这样把教育放在"关系中"而追问其本质的研究视角与视野，使他在回到自己的教育实践时能够更确当地定位，从而得出"激活、培育、守护美好人性，是基础教育最核心、最崇高的价值使命与哲学境界""教育不仅要为'人才'奠基，更要为'人'奠基"等结论。

从这样的价值自觉出发，他把社会担当演化为一种自我诉求。我想，有了这份对"大责任"的看重，校长才可能获得囿于功利目的而无法获得的、真正强大的办学动力。在李辛甫看来，乡镇中学的校长在这方面的责任更大，因为他们的学生几乎没有可以利用的社会资源，只有学校办好了，孩子们才可能改变自己和家庭的命运，走出阶层固化的怪圈。说到这个问题，他一口气举了好几个例子：一位学生父亲早逝，大伯、叔叔把地都占了，妈妈带着她和妹妹艰难过活；她考上大学后，大伯、叔叔不仅还了地，还各拿出 2000 元支持她上学。还有一位贫困得平时谁也不肯借钱给他家的学生考上浙江大学计算机系，父亲为筹上学的钱而发愁，李辛甫建议他，把录取通知书拿给乡亲们看看，结果真灵，大家看到这孩子这么有前途，纷纷解囊相助……

同时，那种带有终极意味的价值感悟，那种将悲悯之心、宗教之怀（他特别喜欢那句话——"每个孩子来到世上都是上帝对人类的再次信任"）寄托于教育之中而掀动的内在的激情，引导着李辛甫纵情地投入、倾情地付出。于教育，他实在是个情痴，不知有多少事，都是他自讨苦吃、自承压力。最难的时候，1.76 米的他，体重只剩下 53 公斤。尽管如此，"我却从来都没有辛苦感，只有温馨感，因为我喜欢教育！"浙江大学的刘力教授主张"校长要有黎明感"，而李辛甫笑言："我比黎明还黎明！"

在研修班点评时，我用"纯爱"两个字来描述他对教育的这份痴情。他极为认同，而且我们还有一个共识，即这样的"纯爱"与他个人的艺术世界、人文情怀、生活情趣密切相关。

他的办公室也是书房。除了满墙满桌的书以外，案头间从各处"淘"来的"清玩"也极为考究。虽然一时半会儿很难窥其堂奥，但在那缕缕沉香间，我还是嗅出了他浓浓的文化味道；在其疏朗有致、无言有色的书画间，我还是多多少少悟到了他别样的清怀雅抱。

说实话，李辛甫带给我的最大的"意外感"就是一位农村校长会活得那么高雅、那么精致。他"注定"爱写诗，名字中就沾了不少"诗气"——李白、辛弃疾、杜甫；他写得一手好字，画得一手好画，还举办过个人书画展……

到澄潭的第二天，他带我去见了一个在佛学院教书法的好友。那天下午，我第一次听"尺八"（中国古代的一种乐器，曾失传），几近落泪；也第一次听他们那个艺术"圈子里"那么多撼动人心的故事。他们多是超功利的"业余者"，纯纯粹粹、"无缘无故"地热恋着艺术，在追求极致中合奏出"纯爱"的交响。在这交响中，我仿佛一瞬间就在李辛甫身上找到了干干净净的"艺术人"与干干净净的"教育人"的那种相契相通；从他常态的非职业的生活中，找到了他"这样"办学的根据。

深度进入某一具体的艺术样态，并与一帮极有品位的朋友交往，使李辛甫对艺术之于人生的价值有着别样的体悟——"艺术大餐给予学生的不仅仅是艺术享受，更是美好人性的培育"。理解了这一点，也就理解了他做美育的与众不同——

澄中有两个合唱团、一个民乐队、一个铜管队，乐队训练全部纳入教学计划，与比赛无关；学校的音乐铃声均为经典名曲，每节课都不同，关键是无论哪个学生都能说出曲名、作曲家乃至乐曲的意义（学校有相关内容的教学）；每年五月以班为单位组成合唱团，唱响"红色经典"。有人问："放歌五月，不怕影响高考？"李辛甫笑答："这正是我们高考取胜的一个秘诀！"……

在澄中期间，我正赶上学校每年一度的艺术节（这次的艺术节持续两个月，共 12 项活动，包括美国的艺术大师来校交流）暨世界名曲合唱会震撼开幕。说"震撼"，是因为身着不同的专业演出服（孩子们在网上"淘"的）、在不断变换的大屏幕的映衬下唱着《乘着歌声的翅膀》《欢乐颂》等经典名曲的"演员"，是澄中全部 2221 名学生（各班轮流上场，整个活动持续一天）！那朴素的"奢华"与绚烂，带给我无限的感动。我边看边想，这些来自农村的孩子，在高中三年，每个人至少有六次登台演出的机会（每年五月和十月的合唱节都是全员参与），这是一个怎样的概念啊！坐在我旁边的李辛甫说："我就是要让孩子们'附庸风雅'，我相信，慢慢地，他们会真的风雅起来！"

"教育之美：一种生命的形式"，这是我写过的一篇小文的题目。在澄中，我对这样的"生命的隐喻"有了更深的理解。

做校长 15 年，李辛甫已显得十分成熟，无论做人做事，都有一种特殊的张力，给人一种做"通"了的感觉，认真但不过分纠缠，于是也就少了许多纠结，多了许多享受。

最后，我们来看李辛甫的几段"语录"吧——

人生三境界：读书随处净土，闭门即是深山；翠竹黄花皆佛性，清池皓月照禅心；方寸即是莲界，大地尽作蒲团。

创新不是颠覆传统，坚守传统有时比创新更难。

未来有多近，在于你想得有多远。

幸福感就是一种感受，与财富无关，但与计较不计较关系很大。

制度让想犯错的人不敢犯错，机制让想犯错的人犯不了错，文化让想犯错的人不会犯错。

我觉得，最值得我们大家一起悉心把玩的是他那个最朴素的"语录"——"教育真的蛮有味道"！

（原载《中小学管理》，2012 年第 2 期）

/ 追梦人永远在途中 /

—— 品陶西平同志新作《追梦人：陶西平教育漫笔》有感

　　"一方面勾画着自己的梦，另一方面探索着美梦成真的路"，这是陶西平同志在《追梦人：陶西平教育漫笔》（人民教育出版社 2008 年 12 月出版）中对"教育工作者究竟是怎样的人"的一种基本解读，也是他对自己 50 余年来教育行走状态的一种真实的描摹。

　　该书收录了作者自 2004 年 5 月至 2008 年 4 月写就的 94 篇长短不一、话题各异的文章，它不受封闭体系的桎梏，"散"中有"魂"，"杂"中有"神"。这"魂"、这"神"，实在是值得我们用目光去抚摸、用心灵去体悟。

　　法国著名哲学家福柯说，他这辈子见过写小说的、搞电影的、画画的，但没见过"知识分子"。今天，我们教育界的情况也大抵如此。我们可能有教学论专家、教育管理专家、教育评价专家，但却很少有"一般的教育家"。"一般的知识分子"要有对整个人类的一般关怀，而"一般的教育家"也应该对教育保持一种公共的、终极的关怀。这种关怀源于勇承使命的担当，源于慎终追远的考量。细细地品读《追梦人》后，我想说，陶西平同志正是这样一位稀缺的"一般的教育家"。更为可贵的是，他不但具有"一般的教育家"的特质，而且并不因为关注视野的宏博而牺牲自己的专业性。在其书稿中我们可以看到，他在高度关注最一般的教育问题，且持久保持权威发言席位的同时，又能轻松地驾驭有关基础教育几乎所有专业领域的问题。由于"贯通"，所以他在教育的诸多领域中出入自由，既有自然磅礴的大气，又有举重若轻的从容。

与终极性的关怀相伴而生的是终极性的追问，这种追问牵引着我们找寻回到教育原点的路。在《追梦人》中，作者对教育根本价值的追索、对工具理性膨胀的忧思、对研磨学生的关注等等，无不展示出其清晰的思维路线，即不为现象所迷惑，不为枝节所牵掣，直抵本源、本质与本体。作者对人们近年来在教育理论与实践领域所做的种种积极探索给予热情的鼓励，同时亦能冷眼观潮。在这一"热"一"冷"间，许多带有根本性的"真问题"浮出水面，促我们深思，助我们觉悟。

在处理局部问题时观照整体，在处理当下问题时考虑长远；"多一点系统思维"，多一点综合思考；尊重教育规律，"一切经过实验"；在矛盾中寻求统一，在对立中找到平衡……这既是作者对我们的忠告与提示，同时也显现出作者自身鲜明的思维特质。这种带有"实践取向"与"建构性批判"特质的思考方式，使他的研究既有较高的站位，又更接近于实际问题的解决。

"实践取向"是作者研究问题的一个基本底色。从内容上说，这种研究摒弃了"知性取向"的种种弊端，不囿于纯学理性的思辨，而是直面大变革背景下教育实践领域的诸多挑战与难题，在关注"是什么""为什么"的同时，更着眼于对"如何做"的理性把握；从方法上说，它实现了由"感性的具体"到"理性的抽象"再到"理性的具体"的过渡，使思维进入更高一级的层面。作者将繁多的知识进行浓缩，又把浓缩了的东西再次释放出来。在这由"多"而"一"再到"多"的过程中，他超越了"杂多"，实现了"归一"，而后又在更高的水平上为我们展现了事物本身的斑斓与丰富，体现出其对实践这一复杂系统的极强的把握能力。而且，他常常是悟透了、嚼碎了，方才给人。

"建构性批判"是作者研究问题的另一个基本底色。如在涉及教育科研的几篇短文中，他对带有功利色彩的"快文化"、对以概念化研究取代实效性研究和以粗放式研究取代精细式研究的"新的教研症状"等都进行了批判，但是这种批判并非纯粹的"否弃性批判"，而是以关怀为基础的"建构性批判"——在"批判"的同时，亦给出"建设"之路。而且，读他的书我们能时时感到，他所做的批判不是单纯地对客体进行指责，而是把自己置入其中，为"我们"而忧、而思。在他的文稿中，或许有比较尖锐的批评，但绝无指手画脚、趾高气扬的霸气。

在影视、文学作品"离感官越来越近，而离心灵越来越远"，教育界"不同学派的文章越来越多，但有生命力的东西越来越少"的今天，这样一部"大家"之作尤其值得我们珍视，也特别能让我们亲近。作者关注的是大家共同关注的话题，讲的是大家听得懂的话，写的是大家读得懂的文，因此，他是离大家很近很近的一位"大家"，是大家的同路人、同行者。

品他的书，我们获得教益，也收获感动。他把半个多世纪积聚的对教育的热恋化为推动教育变革、追寻理想之梦的执着努力：没有谁给他规定工作量，但他却忙得让所有人都不敢在他面前说"忙"；他已经足够丰满，却还像海绵一样不断地吸收。从他的多篇文稿中我们看到：他能为一个最普通教师的最普通的行为而感动，能随时随地汲取使自己生长的营养、促自己超越的力量。这样的追梦人永远是年轻的，永远在途中！

（原载《中小学管理》，2009 年第 3 期）

/追梦者的沉浸：教育人最美的姿态/

——品陶西平先生《沉浸于求索之中》等三部选集有感

近日，被收入《北京社科名家文库》的陶西平自选集《沉浸于求索之中》新鲜面市；同时，陶西平教育漫笔选集《大家不同 大家都好》以及《在反思中创新》也在加紧重印。这三部选集共收录了作者1986—2012年间写就的255篇文章。我相信，读者若如我一般徜徉其间，定会咂摸出滋味无限。

陶老在有件事上很是固执，就是从不让人写他自己。因此，我们只能读其文观其史，读其文品其人；也因此，其每篇文章中独特的专业表达都显得格外珍贵。不是吗，如果我们将三部选集中长长短短的文字"合起来""串起来"看，那么呈现在我们眼前的，不就是近几十年来中国基础教育改革探索的一部"活历史"吗？

翻开陶老的著作，我们一眼就能从它的"长相"上看出其与一般的学术专著不同。比如：这三部选集都不像一般的概念演绎式的理论专著那样有章有节、体例规整、逻辑井然；甚至其文章分类，也因内容涵盖极广、话题多样，而难以做到十分精准、恰切。然而，这种看似不十分考究的形式恰恰映现出陶老的研究特质与写作性格。品读这三部选集，我们可以看出，作者虽然是在中国基础教育领域最具影响力的一位大家，但他却从未刻意地追求个人学术体系的构建与学术逻辑的完满，从未将著作等身、留名青史作为研究与写作的目的，从未将自己的研究视界限定在基础教育的某一固定领域。没有任何人逼他写什么，也没有任何功利的理由可以解释他为什么如此高产，为什么写得如此投入、如此辛苦、如此纯粹。他写，是因为他觉得自己"有责任写""有话要说"；他写得那么"实"、那么"深"、那么"杂"、那么"广"，是因为他的研究与写作从不囿于个人的理论偏好与学术口味；他最兴奋、最纠结、最在意、最关注的主题，全部来源于基础教育改革实践中的"原问题"与"真问题"。

可以说，255篇文章，即255个"真问题"。如果我们将这些问题稍加归类便会发现，作者的研究始终是受大变革时代所特有的、极具挑战性的问题所牵引而展开的。比如：他以基础教育整体改革的理论与实践研究为主要方向，进行了有关学校管理体制改革研究、教育评价研究、区域教育现代化研究、教育公平与义务教育均衡发展研究、借鉴多元智能理论开发学生潜能研究、中小学德育研究、可持续发展教育的研究、和谐教育研究、家庭教育研究、职业教育研究、民办教育研究，等等。三部选集中所记录的正是这些研究的部分成果。

写到此，我不由得想到另一位值得我们仰望的大家——袁隆平。不知怎么，我总觉得两位老先生的研究品格是那么相似——他们的问题，都是从广袤的大地中生长出来的；他们的研究，都是基于田野、回归田野、天地融合、饱含现场感与生命感的；他们的成果，都为大地带来希望，使生命更加丰满。他们从不自说自话、沉于思辨，也从不云山雾罩、故弄玄虚。于他们而言，实践是最大的问题库，也是最大的资源库、最强的动力源。

对实践问题热切而持久的关注，使陶老形成了自己独特的思维方式、研究方式与行动方式；这样的方式在其著作中主要体现为贯穿始终的两条清晰的思维路线——

一是实践性思维。真正的教育永远与灵动的生命、变动的情境、复杂的关系相伴相随；教育变革永远是一个充满了不确定性和可能性、非线性的过程系统。因此，在指向教育实践的研究中，任何抽象的合理性、纯思辨的讨论与纯概念的推演都显得苍白与单薄，这样的"研究"甚至根本就没有真实地进入实践领域本身，因此，也就根本没有真实地发生。从思维形态上看，把握复杂的现实问题的最恰切的方式即实践性思维。这样的思维特征在陶老的著述中体现得极为鲜明：他非常珍视理论与实践之间真实的冲突；他的所有研究都直面"改造世界"的使命，而非止步于"解释世界"；他对问题的认识总能实现从"一般"到"特殊"、从"应然思考"到"实然思考"、从静态封闭的"知识"到高度观照复杂情境的"智慧"的转换。这样的研究更接近教育学科的实践本性，也更符合教育学科的思考逻辑。它克服了学界将复杂的实践问题简单化、假问题大量存在的弊端，因此，是真正能对实践产生实质性影响的、有生命力的"活研究"。

二是系统性思维。关注系统、联系、整体、综合、统一、关系，是陶老在研究中体现出的另一个鲜明的特点。这同样基于他对教育实践特点的深刻体认。关于这一点，陶老在《沉浸于求索之中》的序言中作了特别的阐述。他说：教育是一个系统工程，教育改革的过程正是不断推动系统的各个相关因素由不和谐达到和谐的连续过程。"教育科学本身所涉及的领域在空间上是广阔的，在时间上是连绵的。因此，我们要有一个整体观，要认识到，教育的内部和外部、内部因素之间和外部因素之间都有着非常广泛的联系。""教育整体改革就是要使改革的阶段性目标服从于教育事业的长远目标，教育改革的局部目标服从于教育事业的整体目标。"他特别将"实现整体优化"的思想视为自己思考教育问题和参与教育实践的哲学基础，并将"以整体优化思想为指导，探讨基础教育良性发展的教育思想、教育方式和管理方式，推动基础教育的整体改革"作为对自己研究重点的基本概括。他在多篇文章中，基于系统性思维的立场，给我们提出了许多重要的提示，强化了我们对系统的非加和性特征的认识。比如：局部有效不等于整体有效；部分要素属性的放大，并不必然导致系统功能的优化；构成系统的各要素对于系统的重要性各不相同，因此，在研究基础教育的诸多"症候群"时，必须抓住根本问题、核心问题；任何单一的或点状的思考，都必然导致实践的偏颇……

陶老在书中用"永不停跳的舞步"表达他对温寒江先生几十年献身教育事业的无限敬意；而我想，这句话也同样可以作为对陶老教育行走状态的真实描摹。仅从三部选集中的文章目录上看，我们即能感受到他的仰观俯察、他的视野无边、他的心态开放、他的与时俱进、他的活力迸发、他的激情无限。读他的文章，我们总能受到良性的刺激，见到新鲜的东西，如他对脑科学及心理学最新研究成果的关注，对"基于基因科学的教育学的躁动"的关注，对教育的有限效能及负效能的关注，对工具理性与价值理性关系的阐述，对"求进步而不只是求变化"以及"回归基础教育的本位价值"的提示，等等。他使我们确信，创新是一种能力，更是一种情怀、一种态度。他总是能在别人止步的地方向前一步，在别人司空见惯的地方发现价值。他文章中的很多观点和首创的概念，都广为流传。多少年了，大家都已经习惯了在喋喋不休的争论中、在不知走向何方的迷惘时"听听陶老怎么说"。即使是在退出一线后，他依然以超强的价值领导力与思想引领力，在中国基础教育领域发挥着实际的、非权力性的领导作用。

从 1955 年给学生上第一堂课算起，陶老与基础教育结缘已近一个甲子。其间，他在基础教育的几乎所有"行当"中都担任过角色；无论做什么，他总是站在改革的中央，显现出其特有的大气象与大格局。这三部选集的出版，使我们有幸回望这位钟情于教育半个多世纪的追梦人闪光的足迹，品味其且思且行中那份幸福的沉浸。这沉浸，实乃陶老保持思想青春、学术青春之秘籍；这沉浸，实乃教育追梦者最美丽、最动人的姿态！

（原载《中小学管理》，2014 年第 5 期）

╱ 做他的学生是我这辈子的福分 ╱

　　我真笨，每天都"鼓捣"文字，此刻却找不到几个精准的词来描述自己的老师，那就啰唆一点，这么说吧——

　　他是我迄今为止见过的讲课最好的老师。

　　他是在"圈子里"被大家公认的聪明到底（直往外"溢"的那种）的一位奇才、怪才。

　　他是让每一个熟知他的人提起来都两眼放光、滔滔不绝的人。

　　他是一位或许并不完满，但活得很鲜明、很本色、很真实、很透彻、很洒脱、很大气、很享受、很有质量、很有情趣的人。对己，他认真而又散淡；对人，他苛刻而又宽容。他个性极强，脾气不好，重情重义，但嘴不饶人……

　　总之，他是一位极丰满、"有故事"的人。

　　他的名字叫张凯（曾任北京教育学会常务副会长兼秘书长，特级教师）。

　　1980 年，我在北京 102 中（现在的北京工业大学附属中学，属北京朝阳区）复习高考，有幸赶上当时在北京崇文区龙潭中学任教的张老师为我们代地理课。在我眼里，他无所不能——除了给我们上课，还同时担任龙潭中学地理、化学两门课的高考把关教师；他讲过除语文之外几乎所有高中学科的课；他书法、篆刻、收藏（主要收藏石头）样样精通，玩到极致……

　　因为极度崇拜他，所以我们每天都盼着上地理课。每次地理课前的那个课间，同学们都争着擦黑板——不是一般地擦，而是先用板擦

品良师

1
3
3

"过"一遍，然后再用干净的湿布擦一两遍，仿佛只有如此洁净的黑板才配得上张老师那极漂亮的板书。

在当时的情境下，教师的教学只能是"满堂灌"——老师要用几个月的时间把几年该学的东西统统"塞"进我们的脑子里，教学强度可想而知，但张老师讲得很轻松，游刃有余。在那样的课堂上，我们学生当然很少有"出声"的机会，但我觉得每节地理课上，我的大脑都兴奋着，不知不觉地被他"卷入"，进入一种"琢磨状态"——对，就是被"卷入"！现在想来，这种静静地、深深地被"卷入"是一种多么美妙的学习状态啊。

我的地理学得很好，本来是有希望高考拿满分的，结果不幸错了一道不该错的题。没想到，张老师竟然在参加高考阅卷时，从成千上万张试卷中认出了我的那份答卷！他肯定非常失望，我觉得好对不起张老师啊！这一错，使我用满分"报答"他的愿望成为泡影；这一错，成为我内心永远的遗憾。

他极爱才，从不掩饰对"好学生"的喜爱，但对我们的要求也格外严格。记得有一次他拿来崇文区一份比较重要的统考试卷让我们做，最后一道大题很难，全区能做出这道题的学生没几个，我也被"卡"在那里好一会儿，最后终于在交卷前找到了思路。讲评试卷那节课，我盼了好几天，等着他狠狠地表扬我。可没想到，他只是淡淡地说了几句："最后一道题沙培宁做出来了，不容易，但不能太得意；到了最后两三分钟才知道怎么做，说明这一块学得还是不踏实。"至今我还清楚地记得被他这一盆温水浇过后那种说不出来的感觉，反正再也忘不了那滋味，忘不了在得意洋洋时"冷却"一下自己，别在昏昏傻傻中"找不到北"、弄不清"我是谁"。

高考发榜后，我和几个同学去探望他和师母，印象中我们什么礼物也没带，但却意外地得到一份重礼——他亲自为我们每个人刻的图章。我的那枚格外精美，一侧书有"镂而不舍"，另一侧书有"庚申之秋为培宁做小印，以作升学留念"。这枚"小印"成为我无价的宝贝，一直珍藏至今。

后来，我们很多年失去联系，直到 1995 年我在北京市政协会上采访时遇到他。十多年没见，他却一下就叫出了我的名字。再后来，我调了工作，我们又有很多年没联系。2009 年，我又见到了他，我们同开一个会，会间休息时他不无得意地告诉我："下次再见到你，一定送你一份'厚礼'——你 30 年前的地理整理本（当年我考完大学他要去的）!"天啊，这 30 年他几经搬家，居然还保留着我的那几个本子！要知道，我只是他代课的一个学生啊；要知道，我自己也没有保留下一本当时的学习记录啊。我好感动，差一点当着众人的面拥抱他！

现在细细想来，我的很多非常"灵验"的学习方法、有点个性的学习理解都是从他那里体味到的。记得快高考时，我不经意间说："张老师，我现在怎么感觉地理越学越少，没什么难的啊。"他听后特别兴奋，告诉我：学"通"了，就是这种感觉，能把厚书变薄。直到今天，直到我女儿考大学的时候，他让我懂得的这些道理、这些方法还都延续着。

他是一个特别"事业"也特别"生活"的人。除了玩笔墨纸砚等那些高雅的东西外，他还特别喜欢看各地民间的那些"好玩意儿"，喜欢养花、养昆虫什么的。记得上世纪 90 年代中期一次政协会期间，他非要用休息时间倒公交车回趟家，一问才知道，他是放心不下自己养的一只蝈蝈，他说："它老人家"已经相当于咱们人 100 多岁啦。

我们虽然不经常联系，但好像有一种师生间特有的默契。只是我们都忙，本来说好了我请他喝酒的（他最喜欢喝"百年牛栏山"），可一直"未遂"。我的心里老是遗憾着，也因此，那顿饭、那杯酒好像变得越来越"庄严"似的。

我知道，我们都在背后、在别人面前夸过彼此，但从未当面表达过。每次我们见面都是匆匆又匆匆，而且，似乎师生之间也用不着那样世俗地渲染什么。但是今天，我想在这里大声地对张凯先生说：做过您的学生，是我这辈子值得骄傲的事，是我的福分！您就让我痛痛快快地得意这一回吧！

/"该着"精彩的刘艳萍/

一不留神，被希贵校长抓了个差，参与到北京市十一学校"60年校庆，写60位教师"的活动中。领受任务时，我只有一个请求：帮我找一个"好玩"的老师写。一来是因为对象"好玩"，我便可以偷些懒，写得"像"他（她）便是了。二来是因为我相信，素颜也美丽，才是真美丽；白描也精彩，才是真精彩。

算我幸运。虽然等我"动手"时，58位教师已被各路高人"认领"，但从余下的两位中，我还是捞到了一位超级"好玩"的美女——刘艳萍。

在十一，她的"官"不大不小——学生咨询中心主任、教导处副主任、团委书记，对外还充当德育副校长……这么说吧，十一学校所有学生工作都归她管，所有与德育相关的精妙设计与精彩呈现都有她一大半的功劳。

她做得漂亮事儿实在太多，就是简单罗列，恐怕也会把这篇小文撑破。那就光说说她这个人吧。

先来瞧瞧她的"自画像"——

典型的东北人，从不掩饰自己的豪迈大笑，偶尔也会在穿着典雅的衣裙时作淑女状。

喜欢幽默，受不了拘谨或者恭维的气氛，往往在比较严肃窒息的场合，能一句话把大家逗笑。

直爽，快人快语嘎嘣脆，不喜欢绕圈子务虚，更愿意直奔主题务实；当然，也容易快语伤人。

头脑清楚，转得快，即使同时处理十几件事，也不会张冠李戴、惊慌失措。

敢拍板，不喜欢一丁点事儿都请示领导；敢负责，这是敢拍板的代价。

"点子"比较多，喜欢创新，关键是背后有个喜欢创新的Boss，逼着我由"被动"走向"自觉"，造就了今天"一提活动，脑子里就嗖嗖闪创意"的人生局面。

精神头足，白天处理行政工作，晚上和学科老师一起判卷子、登分，熬到后半夜三点，第二天依然能够神采飞扬地在食堂与大家聊天，让同学科的年轻小伙子汗颜——"真是熬不起"。

总是心太软，很多事情都爱自己扛。后来发现这不是优点，自己累，还无意中剥夺了他人的磨炼机会，于是，开始慢慢懂得"让他人感到自己的重要"是更高层次的善良。

眼泪窝太浅，前一分钟还在大笑，后一分钟可能就会因为某种情境而泪洒前襟，容易让亲眼目睹的人形成"此人很脆弱"的评价。非脆弱，乃情感丰富！

倔强，属于越挫越勇型；自尊心之下，就是对事情近乎苛刻的追求。这一点是"双刃剑"——会将工作做得很漂亮，但会伤到自己和同事。

性格看似粗犷，心思实则缜密，往往一眼就能看出方案中的漏洞、文章中的错别字、流程中的矛盾等等，就好像逛街时能一眼识别出服装质地的优劣、品牌箱包的真假。拿妹妹的话说：目光咋就那么犀利呢？！

勉强"拿得起""放得下"。受了委屈，或者遇到困境，顶多萎靡前半夜，当午夜来临的时候，往往郝思嘉附体，管它呢，先睡觉，明天再说，爱咋咋地！"爱咋咋地"是我闺女学会的第一句东北话，拉着长音儿说。很长一段时间，这句话竟然成为我调整心态的座右铭。

常反思自己。犯错后，也会在内心为自己辩解，但反思的力量总会占上风。于是，敢说道歉的话，愿意以更加勤奋、扎实的工作来弥补错误。如果有一天你发现我见面打招呼时语气比昨天温柔十倍，讨论工作时态度极其和缓谦逊，用词造句都流露出拿捏分寸的痕迹，那一定是我刚刚反思过自己不超过八小时。这时候，同事往往直说：哎，你能不能不这样，咋这么别扭呢！

算了，还是保持"最炫东北风"吧！

这就是艳萍。也许这小半辈子活得还不那么完美，但绝对鲜明、透亮、纯粹！

我也是个痛快人，所以我们聊起天来效率极高：她"掏心窝子"，我"调查户口"，一切都直来直去，怎一个"爽"字了得！聊着聊着，我脑子里突然冒出一个不那么"端庄"的标题——《"该着"精彩的刘艳萍》。

对，就是"该着"！不信您看——

"该着"之一：爹妈"遗传"，要强基因渗透骨髓；"瞎猫碰见死耗子，遇上一个好先生"

我喜欢刨根问底地"查户口"，因为我确信，一个人的优也好，劣也罢，大都可以从其早期生活史中找到根据。

艳萍的经历再次支持了我的"确信"。她告诉我："我爸妈都属于那种特要强、特敏感、脑瓜特灵的人。我爸原来是开车的，大集体改为个人承包后，我们家养了几年车，很快就富了起来，成为我们县城的第一个'万元户'。我妈呢，特能倒腾，小买卖做得热火朝天。他们靠自己的辛劳，挣钱供我们上学。""爸妈的性格都很倔强，绝不讨好别人，就是见了县长也不卑不亢。""我爸是典型的越夸越能干、越夸越来神儿，谁要一夸，恨不能干得把自己都累死的那种人。而且，我们家孩子全是这样的毛病，尤其是我和大姐。"

虽说性格的相像算不上生理性遗传，但老辈儿人要强的基因还是深深地渗透进她的骨髓。没辙，这辈子算是跟自己较上劲了。

艳萍家有四个姑娘，她排行老二，跟老三只差一岁半，所以不但没捞到多少奶吃，还早早地就"失宠"了，"就是一白天见不到踪影，父母也想不起来找我"。听着怪可怜的，可也有好处啊——独立，自主，主意大。

在家有点失落的她，在学校可是挺风光，从小学到高中，一直都是班长。老师说："这孩子一看就像当班干部的样儿。"到了大学，她虽然没抢到什么"大官"当，但那点管理才能也还算是派上了用场。因为那些"大干部"在需要用人时突然发现，这儿有一位两眼发亮、特能张罗的人，搞活动绝对是一把好手，于是给了她一个"文艺委员"的头衔。要说学习嘛，她不是特用功的那种，但靠着小聪明，突击一晚上，也能拿个高分。

学得不差，嫁得更好。用她自己的话说："瞎猫碰见死耗子，遇上一个好先生。""我这些年这么拼死拼活地干，人家没埋怨过一句，太难得了！孩子小，我爸妈负责生活，教育上就全靠他了。女儿对他无比依恋，而我只是个象征。一天，女儿对我说：妈妈，今天我掉了一颗牙，本来想打电话告诉你的，结果还是拨到爸爸那里去了！"

做艳萍的老公不易啊，孩子、妻子都得管。"别人以为我什么都想得开，其实我内心的挣扎只有老公知道。我要是有什么想不通的，那前半夜我家先生就甭想睡觉了。我不断跟他叨咕这些事，但在他那里基本上得不到同情，他会直截了当地指出我的问题。开始我会很生气，怨他不向着我说，但听着听着，觉得是那么回事，这样，第二天也就差不多过去了。"

家对艳萍意味着什么，我说不清；我只知道，这样的家就会有这样的艳萍，这样的艳萍就属于这样的家。一切都那么自然，那么合乎逻辑，似乎艳萍身上所有朴素的精彩都可以在这里找到最原初的解释。

"该着"之二："嫁"给了十一，与两位教育家"亲密接触"；肩挑重担，在创造性的问题解决中"被逼成才"

2001年艳萍到十一学校，2003年即做了团委书记。2007年之前，跟着李金初校长干；2007年之后，跟着李希贵校长干。

这让我没法不感叹：一个教师，在自己的职业生涯之初，即有幸在一所那么好的学校成长，又一下子遇到两位全国知名的教育家，且每天都在工作中与他们"亲密接触"，这是几辈子才能修来的福分啊！

十一最"养人"的当然是它的文化、它的氛围。

"我最看重的是十一学校真正在追求教育本质性的东西。十一的老师真的太累、太可怜了。从放假到现在，还没有几个人真正休息呢，都在外面集中编书（走班的教材）。大家为什么这么拼命？因为觉得，我们干的是正确的事，值得干！你想想，我们的学生进来时从400多分到550多分，怎么能用一个课堂圈住他们？所以只能分层走班，而分了又没有相应的教材。哎，其实这么折腾，考上清华、北大的也不会增加几个，但为了孩子们都能找到适合自己的教育，我们认了。再辛苦，挺住！我发现，有了这个信念支撑你，你就会越走越远、越走越深。""十一学校的老师没法倦怠，容不得你倦怠！就这个文化，大家都这样。"

"十一给我的最重要的东西就是不断接受新事物，不断创造新事物，绝不因循守旧。金初校长如此，希贵校长也如此。我到这里11年，可以说，十一学校无时无刻不在'折腾'、不在创造。它逼着我接受变化，接受挑战，接受竞争。我不在乎！反正你怎么变，我都能跟上。过不去的时候，我就安慰自己：困难又来了，好啊，没什么了不起的，没准又逼出几个创意呢。"

如果说"人生就是为相遇而来"的话，那么，艳萍在十一学校遇到的最重要的人便是希贵校长了。"可以说，他造就了一个不同于以前的我。过去我极火爆、爱抱怨，有火非得爆发出来不可，但他教会了我隐忍，遇事缓几秒钟，压下去；以前我在与人交往时太强势，爱控制话语权，跟着他几年，我知道了，倾听很重要，把话语权给别人也很重要。""他让我明白了很多事，真的明白了！"

艳萍在说这番话的时候是那么真诚，让我丝毫不怀疑她对希贵校长发自肺腑的感激。但同时，目光犀利、嘴不饶人的艳萍对希贵校长所独有的评价也极为透辟。那是不"深受其害"、不掉过几盆眼泪、不知道由苦而甜是啥滋味的人"打死也说不出来"的话。直觉告诉我，艳萍在希贵身边，一准儿是"在战斗中成长"的。

艳萍"语录"一："希贵同志是会盘算着如何把人用到骨头里的人。"

艳萍"语录"二："希贵同志是一个特别能在短时间内出一个'幺蛾子'的校长。"

"语录"背后的甜酸苦辣："2007年，我应聘的还是团委书记，但干的已经完全不是原来意义上的活儿了；2008年，他把几摊工作全压在我身上；2009年、2010年是我最累的时候，没人，几乎就是我一个人干；2010年，他又给了我一个'学生咨询中心主任'的职位。我身兼三职，要参加与职位有关的任何会，处理与职位有关的任何事，接待与职位有关的任何人。""有时候我都快睡觉了，他来一个电话，交代一项任务。等他早就进入梦乡了，我还在那儿忙乎呢。气急了，我就默默地骂他一句：'半夜三更的，真讨厌！神经病！'骂完也就完了，第二天就全忘了。"

"第一年与他的磨合极端痛苦。过去我们中层只管执行，完全不习惯自己做策划，因此手足无措，真快被他逼疯了。好不容易想出一个创意，实施后的效果也很好，很受学生欢迎，但他说，下次，同样的活动绝不能重复这次的策划，要重新想！理由是，学生再经历同样的过程会审美疲劳。那一段，我被他整得经常掉眼泪。我一哭，他就软了，又拿纸巾又倒水的，这是他惯用的'套路'。这时，他会比较和缓，告诉我往哪个方向走，但具体怎么走，还得我自己琢磨。"

"有时他已经认同了一个方案，我也开始一步步实施，但突然间，他又会冒出一个灵感。我最害怕的就是这个，因为这意味着又得变，这是要命的事啊！你必须快速理解、快速反应、快速调整，忙得像八爪鱼似的，而且脑子还不能乱。比如：有一次，学校搞狂欢节活动，开场前五分钟，他跟我说：程序要变一下！他这一句话不要紧，我就得把放鸽子的时间变了，奥运冠军张宁出场的时间变了，所有音乐的顺序变了……当然，事实证明，他这样调整的效果确实好，不服不行。"

"就这样，我被他逼的执行力越来越强，创新和应变能力也越来越强。现在，他一提什么事，我脑子里一下子就能闪出好几个方案。这真不是吹的，生练出来了！""而且，我也开始琢磨他，慢慢地，摸透了他的秉性。我知道同一件事，跟他怎么说，成功的可能性大；怎么办，能比较顺利地完成。"

我曾和艳萍一起设想过，假如她这些年不在十一学校，不遇见希贵校长会怎样？她的答案是：自己是比较顺应环境的人，如果外界氛围不好，自己也很难独善其身，所以幸亏"掉"到了十一的氛围中。我的答案是：那样，她会过得比较舒服，不会受这么多折磨，但也绝不会有这么好的成长。

十一学校、希贵校长以一种特殊的方式，为艳萍铺就了一条特殊的成长之路——在解决一坨坨新鲜的、复杂的、生长的、多变的问题中成长！这无疑是一种最"管用"、最具有"智能"（重在"解决"问题，而非"解答"问题）含量的培训。我不敢断定，艳萍是不是享受过教师专业成长的高峰体验；但可以肯定的是，对天生就是做管理的料且每个细胞都张开来吸收外界能量的艳萍来说，被逼也好，自觉也罢，只要生活在这样一个每天都在刺激你的成长神经、每天都在挑战你的创造极限的环境中，想不精彩都难！

"该着"之三：内省、人际智能占优，明自己，明他人，明环境；非智力因素超强，性格爽爽，灵气满满

仅从技术上讲，大凡在管理上很"贼"的人，用的都不仅仅是智力；他们的"超常"更多地表现为多种优质的非智力因素的聚合与扩

散。这种比别人"多出来"的东西，使他们活得更明白、更自由、更有效率，当然也更有成就。

如果我们把这个"聚合团"做一个拆分，那么除却情感、态度、价值观外，我认为对管理者而言，最重要的即内省的品质与游刃人际的能力。只有如此，自己的优势才能发挥得淋漓尽致；一切有用的资源才能为我所用，而自己也才能成为别人最在乎的资源。

这样的品质在艳萍那里很是鲜明。比如她喜欢"悟自己"，而且喜欢悟到底，将反思一直推进到价值层面，而不囿于对事件本身得失成败的审视。对一个成熟的人来说，这种高层次的内省智能所支撑的，是最高效的自我教育和最持久、强大的内在动力。它让人有能力将最有价值的价值嚼碎了，反哺自己。

表面上看，她大大咧咧，实际上却是个心思很重、很细的家伙，内心放不下的东西很多，很在意自己在别人心目中的形象。"有时我会在自己陷入困境、受挫时反思，有时会在从别人瞬间闪过的眼神里看到一种不太舒服的东西时反思。反正只要外界触发了自己的感觉，心里就会抽一下。"

"一般我都是先为自己找理由，然后说服自己拐一个弯想：如果……，可能会……。慢慢地我发现，其实退回来想，多指向自己，路就宽了；而且，如果你改变的话，别人也会随着改变。说来说去，世界上最容易改变的还是自己！"

"比如我有一个搭档，有一段时间累得不行了，家人觉得她只是个职员，这么累不值得。于是，我出于善意，有意识地为她减负，让她早点回家。没想到，过了几个月，她反倒心生不满了，对我说：你剥夺了我很多机会，让我觉得自己特别像一个废人！我当时特别委屈，心想，我把活儿全担起来了，你还怪我？我当时一通儿'回击'，那个老师也觉得是自己没理。但回家后，我冷静下来想，她也没有什么错。因为每个人都需要价值感。虽然她抱怨过工作累，但可能只是抱怨而已。如果我安慰她一下，而不剥夺她做事的机会，可能她就不会有被忽视、被轻慢的感觉。这件事后，我努力改变自己，既关心下属的生活，又让他们在接受挑战中锻炼成长。"

"有时我是自己悟，有时会翻翻《人性的弱点》等经典著作。我发现，真遇到事了，看看这些书，就会觉得人家说的句句是真理。还有时，我也会想一想自己的光辉榜样——李希贵同志在遇到类似情况时会怎么做。在做人上，他的确达到了一定的道性。"

我想，真正的反省是什么？其实，就是让现实情境下的"我"，与稳定的、承载着自己最看重的那些价值的"我"做一次晤谈。只有当此刻的"我"与自己最想要的"我"、职场的"我"与本色的"我"相契合时，我们的内心才不会"拧巴"，才会有一份真正的安宁。人往往不是因为证明自己无错而舒服，而是因为找回了那个"真我"，进而建立了更好的自我概念而愉快——哪怕需要为此低下头，承认自己当下的不妥甚至是错误。

除了"明自己"，艳萍对他人、对环境也极为敏感。她会察言观色，更能善解人意；会巧妙地调动和调控自己与外界资源的关系，使资源对自己的积极影响最大化。

艳萍虽然年龄不大，但在人际交往方面却显得游刃有余。是天赋使然，还是素养、性格使然？也许都有吧！一位与她并不熟识的老师告诉我："第一次交往，她就让我感觉，我们像老朋友一样熟。她总会找到你感兴趣的切入点，把你自然拉拢到她那里，进而控制说话的趋势。她对话题的规划性和领导性都很强。""还有，她总会从人群中冒出来。在一个岗位上，很快就能被人看到，然后进入核心层，自然往上升。她很会把握时机，适时地让人知道她是一盏能点亮别人的灯。这盏灯会时不时地刺一下人们的眼球，但并不照耀得让人难受，同时也不遮蔽别人的光芒。"

这样说来，她应该很老成吧，可又偏偏"装"不起来。比如：人家兴高采烈地拿个新包来上班，结果她犀利眼一瞄，眼到嘴到——"这是仿的！"弄得人家满心不快。再比如：偶尔，出于某种需要（多是为了十一学校的形象），她也能在短时间内"端"得像模像样，但这绝非常态，离真优雅还差十万八千里呢。

艳萍同志的真实本性往往在食堂里暴露无遗：如果哪个桌儿忽然有一阵爆笑传出，那多半来自她的手舞足蹈。一般人在特安静的场合都怕别人关注到自己，而这位偏偏喜欢打破沉闷的气氛，挺身"救场"，随便抖落几个包袱，就能让大家笑得前仰后合。虽然现在的她会时时提醒自己淡定、低调一点，可还是会在不知不觉中成为一个群体的中心。哎，没办法，挡不了，拦不住，谁让咱天生就这么有魅力呢？

这魅力用在与学生打交道上极为有用，孩子们最喜欢的就是她超爽的性格。"我和他们没什么代沟，能说他们的话，站在他们的角度想事。再说，我说话也挺有意思、声情并茂的，所以，我们常常是在笑声中就把某个事'落地'了。当着我的面，他们爱叫我'萍姐''萍萍'，背后就直接叫'刘艳萍'。"

说了这么多，咱再把话拽回来。娘家好、老公好、学校好、校长好……当然都好，但最关键的还是得咱自己好！要不怎么解释，在相同的好环境下，有人就长进，有人还懵懂呢？

所以您说，这艳萍同志的精彩是"该着"，还是不"该着"？

（原载《当代教育家》，2012 年第 10 期）

读学校

/十一之"贵"/

　　尽管李希贵校长一直在自觉而小心地"管控"着自己的知名度，但"效果"却并不怎么好。他以及他所领导的北京市十一学校（以下简称"十一学校"或"十一"），以超强的影响力，愈益成为中国基础教育界最富知名度的品牌。他们一再创造着诸多的"第一"与奇迹，吸引着上至教育部，下至普通教师的目光。自然，这所不断"生产"甚或"涌现"新闻的学校，也刺激着媒体人兴奋的神经，于是，有关十一学校的报道数不胜数。

　　作为一个媒体人，我当然也对这所校园里所发生的一切感兴趣，但看了N多叙事性的报道后，还是想亲自写写这所学校。因为在我看来，真正想在改革方面做点事的人（特别是校长）对十一的关注，与其说是对一所学校所做的那些"新鲜事"的关注，不如说是对当前基础教育改革的可能空间、可能样态以及对"过来人"所积累的基本经验的关注；而且，十一学校所进行的转型性变革，触及太多深层次的教育与管理问题，所以，它不仅极具新闻价值，而且极具教育管理的理论研究和实践研究价值。因此，我很希望自己能对这项改革取得成功的"机理"作出某种解读。但事实是，我越是走近这样深刻、复杂、全面的改革，就越觉得自己难道其全。于是，只好退而求其次，说说自己体会到的十一之"贵"吧。

　　这里讲十一之"贵"，一说十一学校创新育人模式、实现学校转型的探索之"贵"；二道被学生们称为"贵爷"、被我称为"贵校"的希贵校长之"贵"。

十一学校：一个不寻常的"活样本"

有效教学的第一原则是"让学习发生在学生身上"；同理，学校变革的第一原则应该是"让好的变化发生在学生身上"。所以，在我看来，十一的"不寻常"，最重要的是它从里到外改变了学生的模样。在这里，我们见到了不一样的校长、不一样的老师、不一样的课程、不一样的教室、不一样的活动、不一样的关系、不一样的秩序、不一样的习惯……所有的"不一样"（被崔永元称为有些"奇怪"的东西），最后都幻化成最美丽的校园表情——"不一样"的学生。

那是一群"活泼泼的"、绽放着青春活力与个性光彩的"了不起"的孩子，他们在校园里热气腾腾地生活、蓬蓬勃勃地生长。走进十一，展现在我们面前的"产品"（课程）可谓琳琅满目，4000多名学生，就有301门分层分类课程、2062个教学班、4000多张个性化课表……仅从这些数字中我们就不难看出，在这里，学生的个性是怎样被看重与被呵护的。再看学科课程之外——216个学生社团办得红红火火，活动海报随处可见；"校园机会榜"公开向学生提供三类工作机会；学校里有学生出版社，学生自主管理与自主经营的影院、咖啡厅、广告公司、校服管理中心、复印社、松林书苑（书店），等等；学校里有接待外宾的"学生大使团"，有少年文学院、少年科学院、少年社会科学院和少年经济学院的"院士"；有师生共编教材，有学生提案，有"名生讲堂"，有"校长有约，共进午餐"，有"名师大家进校园"……这一切，使每一个生活在其间的少男少女在自己精神发育最关键的时期，获得了"合需要"且"合口味"的营养。他们出色的表现，也使十一学校培养"志远意诚、思方行圆""有想法的学生"等育人目标踏踏实实落了地。所以，在十一的千好万好中，我最看重的是落在学生身上的那些"好"。

那么，我们能从这样一个既指向学生未来的可持续发展，亦观照学生"现时"与"现实"幸福的学校转型性变革中读出什么？这个具有丰富内涵的"活样本"究竟"贵"在何处？

做好"第一要事"：确定"优先价值"，悉心守护，真诚捍卫

学校改革从哪里起步？当然是解决价值问题的顶层设计。但事实上，一个组织可能同时有若干价值并存；即使是所谓"核心价值观"，也可能包含一个以上的价值关切。在此情况下，"价值排序"至关重要。因为只有通过排序，特别是确立了"优先价值"，我们才不会在价值要素间发生冲突时迷失方向。

十一学校推进变革的价值目标无疑是多元的，但他们在"多元"中立"主导"，坚持"学生第一"，将"创造适合每一位学生发展的教育""让每一位学生成为他自己"这一神圣的使命确立为学校的"优先价值"。在十一，较之其他主体的利益而言，学生的根本利益具有终极性的最高价值，具有绝对优先的地位。

认定了的，就要咬定青山不放松，不游移，不偏离。比如：在十一学校研制与实施的"学校自我诊断模型"中，"学生"是同心圆中的那个"核"，一切都以其为中心而展开。再比如：十一这样定义教师的价值："学生在你心目中的地位有多高，那么你在学校中的价值就有多大""教师的职业定位在于，在学生未来对社会的贡献里发现自己的人生价值"（《北京市十一学校行动纲要》第13条、第9条）。又比如：为录取一位马术出众但学习成绩不佳的孩子，十一放弃了100%的重点本科进线率。李希贵说："我们确实放弃了一个100%，但是，我们也有可能收获另一个100%。前一个100%是学校的'面子'，而后一个100%是每一个学生的个性化成长。"同样，考验学校价值选择的还有李希贵的那个追问："学生和学校，谁的特色更紧要？"还比如：十一学校要求把"新"字嵌入所有的学生活动，即使是当年深受学生欢迎的活动组织形式（如极富创意的运动会等），来年也绝不允许重复。这种连自己的剩饭都不许炒的近乎苛刻的要求，从表面上看只是对管理创新的一种追求，但实质上是对"学生第一"的悉心守护，因为"贵校"的理由很简单——学生在校三年或六年，重复的活动形式，容易使他们产生疲劳感。

这种对"优先价值"的真诚捍卫，表明十一的改革，首先是立场的改革；有了坚定的"学生立场"，学校改革也就找对了路，踏上了道。

让"高选择性"成为学校全领域的"第一主题词"；执着于"发现那棵树"，并使之更好地"成为那棵树"

"贵校"喜欢用在茂密的森林中"发现那棵树"，来描述"面向个体的教育"的基本主张与行动起点。只有"发现那棵树"，在乎"这一个"，教育者的目光才能实打实地落在一个个具体生动、充满差异的个体之"人"上；"人是目的""学生第一""为每个学生提供适合的教育"，才能不再是一个空泛的概念。

毋庸置疑，这样的"个别化"是现代教育所追求的一种更理想、更"高级"的教育；同样毋庸置疑的是，这一"高标"很难在传统的被固化与被封闭的统一、狭小的空间内实现。因此，打破这种空间的桎梏，为学生提供"高选择性"的教育就成为一个前提性条件。正如希贵校长所言："可选择，才可能建设一个属于孩子们的学校。"

十一学校的"高选择性"首先体现在课程上。

"课程"这一关键环节与核心领域的变革，是十一在推动学校转型性变革中"直奔"的"第一主题"。这注定了十一的改革是一种牵一发而动全身、足以改变学校形态与育人模式、深及内里、艰难的改革。建立分层、分类、综合、特需的学校课程体系，包括设置关注个体选择性的学生社团、职业考察、自主管理学院课程，以及开发培养学生冒险精神的课程等；建设让学习资源就在身边的学科教室；实施大小学段，小学段由学生自我规划；研发各学科评价指标体系和诊断工具，建设大数据下的过程性评价与诊断分析系统；实施24人小班教学，探索教室分区和学生分类下的自修、讨论、互助、辅导等多种学习方式并行的课堂教学模式；全面实行选课走班，实现每个学生一张课表……种种指向"高选择性"的有关课程形态与教学组织形式的变革，彻底改变了十一学校常态课堂的"模样"。学生在几百个学科、上千个教学班中穿梭，初步实现了"我的课程我选择，我的课表我做主"。

同时，十一的"高选择性"还体现在除课程以外的其他领域，特别是在实行选课走班、取消行政班后，学校为"帮助孩子在集体之外成长"，搭建了若干个有选择性的发展平台。

这样涉及全领域的"高选择性"的发展环境，"逼迫"学生在真实的选择中学习选择，进而学会选择。其间，孩子们免不了走一些弯路、摔几个跟头，但就是在这样的磕磕绊绊中，他们逐渐成为具有"内动力"、有想法、与众不同的自己。还是"贵校"说得好："十一学校在尽最大可能创造一个可选择的校园，课程是可以选择的，学习方式、作息时间是可以选择的；更重要的是，学生可以对自己未来的发展方向作出选择。""当选择成为校园里的主题词的时候，思考便成为常态，每一名学生都无法回避对自己、对社会的追问，自我潜能、个人价值和社会责任像孪生兄弟一样一同问世。""尤其重要的是，他们在每一次选择中都必须追问自己如此选择的理由，必须把每一次的选择与自己的学习、职业发展、人生方向连在一起。通过选择，他们会逐步地发现自我、唤醒自我，最终成为自我。"

对"理"的自觉：让所有人都知道"我们想要什么"；把学校的文化"股份制"，让学校文化是"学校的"，而非"校长的"

如果说"优先价值"是"道"，具体实践是"术"，那么，组织的基本价值观、做事的重大原则和行为准则就是"理"。明"理"，才能使组织成员获得方向感和认同感，才能"做正确的事"，且"正确地做事"。而且，改革越是复杂，越是关乎全体、触及本质，就越需要每个改革者既明"道"，又知"理"。

十一人对此有着一份难得的自觉。十一的改革是从"做文化""做价值"开始的。记得2007年希贵校长到十一后，有两三年的时间，我们很少听到他的"动静"，请他讲课也大多被婉拒。原来，他正带领师生潜心于对十一历史与文化的深度研究、对学校发展现状的自我诊断、对未来改革的系统谋划。其中，为改革夯实文化之基，是重中之重。

2011年年初，历经两三年，数易其稿，最终"磨"出来的那份"纲领性文件"——《北京市十一学校行动纲要》（以下简称《纲要》）正式对外公布。至今我还清楚地记得，《纲要》在我刊发表后，读者反响之热烈。这个"学校文化100条"（《纲要》共分15章、100条），既包括此前全体教职工参与提炼的学校发展历史上的七大成功基因、新形势下学校发展的八大关键成功因素，也包括大家共同梳理出的学校发展历史上被普遍认可的20个价值取向。从第三章开始，《纲要》分章明确了学校在"组织结构、教师、学生、师生关系、课程、教育教学、教育科研、决策、管理、管理者素养、评价、资源、家校协作与社会责任"等主要领域中师生员工的行为准则。

我问过"贵校"，十一的《纲要》与大多数学校制定的学校发展规划有什么区别？他说，《纲要》主要解决文化与价值引领的问题，即让所有人在做所有事的时候都知道——"我们想要什么""我们倡导什么、反对什么"。这是"管方向"的，因此至关重要。除此之外，校长的主要任务就是"做课程"。在长达几年的时间里具体"做什么"和"怎么做"，可能都很难详细地"规划"出来，因为一切都在变动中。

从《纲要》别具特色的文字表述形式上，我们一眼就可以看出，它是"给自己人看的"，是真的要照着这个做的。比如：它在表述那些不乏深刻性的"价值""主张""原则"时，不带什么"原则腔"，直白、素朴，但又颇有分量、纲举目张。这份《纲要》不仅使十一人在"天翻地覆"的大变革中依然保持着一种稳定的精神力量，而且，其伸及各个工作领域的文化定位，也深刻影响和规定着每一位组织成员的行为。几年下来，通过各种体验式的强化，《纲要》中所宣示的那些核心观念已经深入人心，甚至成为每个十一人的思维方式、行为习惯和话语系统。比如：我分别听过学校诊断中心主任杜志华老师和课程与教学研究院副院长沈静老师关于学校诊断和课程诊断的介绍。让我颇有些感慨的是，她们都那样真诚地认同并自豪地引用《纲要》中有关"评价"的那几条表述——"评价最重要的目的是促进评价对象的进步"（第85条）；"评价什么就会拥有什么。评价那些我们真正想要的东西……"（第 87 条）；"寻找正确的而不一定是精确的评价"（第 88 条）……

这也许就是希贵校长把学校文化"股份制"的效果吧！"十一改革的过程，也是文化'股份制'变革的过程。"在这个过程中，"学校文化"不再是"校长的"，而是"学校的"，是"每个人的"。

从"管理"到"领导"；重建学校内部治理体系，以"共治"求"善治"，让"村村点火，户户冒烟"；"分权"，让每个人都成为自己的 CEO，让改革最大限度地发生在"民间"，让学校凸显专业的力量

真正的管理变革意味着管理关系的根本调整；这种调整，牵动着学校肌体的每一根神经。

十一课程"大变脸"后，学校管理中原有的秩序和平衡被完全打破。"生产力"的革命，必定要求"生产关系"的革命。"改革带来了学校形态的重大变化，尤其是行政班的消亡和班主任的淡出，给学校的教育教学以及管理工作带来了重大的挑战。""我们遇到了从未遇到过的教育的尴尬与教育的挑战，第一次感受到了管理的捉襟见肘，因为在这样一个智慧奔涌、个性夺目的校园里，必须实现从管理到领导的过渡。"

于是，十一学校按照"能够通过改变结构解决的就不要依赖制度解决"的原则，开始构建领导型的组织结构，其要点有三：一是"扁平化"。从"金字塔"到"扁平化"，"使落实'以教学为中心、以学生为根本'变得轻而易举"。二是"联邦制"。学校与各年级形成分权、分责的"联邦制"模式，大家各司其职，各得其所，且"村村点火、户户冒烟"。三是"分布式领导"。关于领导型组织结构的具体内容媒体多有报道，此处不再赘述。

这样的领导型组织结构的建立，意味着学校内部治理体系的创造性转换。其核心在于，走向校内多主体参与的民主、合作、协商的"共治"。

"共治"必然导致"分权"。这种源于改革之需的权力的调整与让渡，改变了主体间的关系，并带来了两个积极的结果：一是使学校内部的"去行政化"成为可能，校长的权力得到合理的约制，学校凸显学术与专业的力量，教职工的专业自主权与创造力得到尊重，"我的专业我做主"；二是促使"每个人都成为自己的CEO"，使个体领导力与集体领导力得以生成。

十一"分权"后，校长的权力被"关进笼子里"。就拿高利害的教职工聘任来说，教职工与各年级、各部门双向选择，校长无权过问；在课程与教学领域，校长只有课程规划权，课堂教学的主导权则在每一门学科和每一位教师手上。同时，各种以教师的名字命名的"研究室""工作坊"应运而生；项目管理体制的建立，有效避免了行政化倾向；教育家书院、课程与教学研究院、学校诊断中心等若干个"附属组织"的发育，形成非行政性的、以优秀的学术型人才为支撑的多元领导架构……

对此，李希贵想得十分透彻。他说："校园是一个知识型组织，每一门学科、每一个学段、每一节课都有各自独特的规律，任何一个大脑都无法全部驾驭。""每一个听到炮声的人才最有资格指挥打仗。"所以，"在学校推进学科和学术领域的改革中，我一直躲在后台，尽量避免以行政的力量和校长的身份与老师们对话"。"当被关起来的顶层权力变得柔和时，基层的活力才会焕发。多样的责任催生多元的权力，以此才能构架起一个安全、稳定的组织结构，让所有的权力为梦想服役。""在对领导者评价的若干标准里，我很看重其中一条，就是在你手下比你有本事的人是否工作得很愉快。""'最优秀的领导者常常看上去很平庸'，在这句话的背后，我们看到的常常是领导者对专业的尊重……（他们）不会在自己没有把握的事情上随意拍板，甚至把'我是外行，这种事情要请专业人士研究'挂在嘴边。"我们要努力"发现每一个人可以伟大的地方，让变革最大限度地发生在'民间'，这样容易形成百花齐放的局面"。"我们需要的是小团队、多指挥，每个人的头脑都有主意，每个人都富有智慧，每个团队成员都成为'一头狮子'。"

校长通达了，才能"无为而治"——这种"点燃别人思想的韬略"，为"每个人都成为自己的CEO"留足了空间。当然，教职工有了空间和权力，并不意味着必然拥有创造力与领导力，因此，校长的激发很重要。在这方面，李希贵有个简单而有效的"高招儿"：每当下属问他："校长，您看这件事怎么办？"他总会反问："你说呢？"当下属有了某个想法时，他又会问："还有没有更好的办法？"渐渐地，所有的十一人都知道了，别指望校长替他们去思考；遇到问题，没想出几个主意，就别去敲校长办公室的门。

就这样，在给空间、给责任、给权力，但唯独不给具体主意的环境下，每个人以及每个团队的领导力都逐渐生长、"壮大"起来；几百个思想"欢实"、创意勃发的十一教育人共同描绘着共治共荣的美好画面；几百台充满活力的"发动机"，共同推动着这所学校转型性变革的伟大进程。

李希贵：一个不一样的"狮子王"

写十一之"贵"，自然绕不过希贵之"贵"。如果说大变革使十一的每个团队成员愈益成为"一头狮子"，那么，"贵校"便是率领他们披荆斩棘、奔向目标的那个智勇双全的"狮子王"；如果说大变革使十一的师生愈益成为"有想法"的人，那么，"贵校"便是对如何使师生成为有想法的人"真有想法"，且对如何引领和服务于这些有想法的人"真有想法"的那个人。

那么，这样一个"有想法"的"狮子王"到底有哪些特质呢？让我们一起来体会"贵校"之"贵"吧。

在变革中锤炼自己的"变革领导力"；"领导"自我，定位自我，做"最重要的事"；建立价值自信、道路自信

教育改革走到深处即教育内部的变革，因此，校长的"变革领导力"至关重要；而"变革领导力"只有在领导变革的过程中才能获得。

领导别人的前提，是"领导"自己；改变别人的前提，是改变自己。"校长要放弃一些自己运用自如的权力。要实现学校的转型，校长必须重新分配管理的精力。一般的管理者都在用绝大部分的时间研究如何管理别人，而聪明的领导者往往会拿出相当的精力谋划管理自我。""任何一位校长只有从改变自己开始，才能找到一所学校的转型之路。"这是因为，变革与创新是一种积极的"创造性破坏"，其本质是在自我认知基础上的自我反思、自我扬弃、自我批判、自我更新与自我超越。一个卓越的教育改革者最重要的品质，是他永远专注于对教育本质的思考，永远具有超越自己原有边界和局限的勇气与智慧。"没有什么是不可以改变的，关键看是不是有利于满足师生的需求。"

　　说到"改变"，我们不能不慨叹：这个"贵校"，简直就是为学校变革而生的。他的脑子里似乎总有无数原创性的想法在涌动。大的不讲，就拿他在我刊开的《希贵说管理》栏目来说，从2011年第一期到现在，已有47期，记录了十一学校百余个创新之举。我常想，这些创意，若放在一般学校，哪个不得被大书特书，而在他这里，短短几百字就"交代"了。所以，我们不得不说，因学生之需而创新，或已成为他生活的一种常态。

　　"领导"自我，还体现在他清晰的自我定位上。"十一在学校变革的过程中，人们常看不到校长的影子，大部分时间都是一线教师在策动……由于身份特殊，（校长）必须学会对更多的人、更重要的事有更多的关注，仅仅冲锋陷阵，已无法包罗他浩繁工作内容的全部。当需要导航的时候，他万不可埋头划桨。""如何在每一个专业组织、每一个创造性单元里，都能够让大家找到方向和榜样，成为领导者的主要任务。"

　　由此看出，在战略层面为改革"导航"，是"贵校"眼中"最重要的事"，其中当然包括前文已着墨析之的"优先价值"等的确立。此外，从他已出版的几部专著的书名，我们也可以看出他内心最重要的价值追求：《为了自由呼吸的教育》《学生第一》《面向个体的教育》……基于对这些价值极为深沉的理性把握而建立起来的价值自信与道路自信，成为十一学校在变革中排除万难、走到今天的最重要的精神力量。

拥有改革者"不一般"的思维方式；以对人性的深刻体悟，滋养基于尊重与信任的"大气"的改革文化与改革生态

聪明的改革者往往会有意识地将改革本身作为研究、琢磨、反思的对象，及时提取改革中形成的理性认识与实践智慧，以提高自己的"变革领导力"。同时，他们会巧妙地营造出独具特色的改革文化与改革生态。"贵校"就是这样的"聪明人"。

关于改革者"不一般"的思维方式，"贵校"在几部著作中都有论及。比如："用改革的思路解决改革中的问题。""当改革出现问题的时候，人们往往习惯于回到改革前的老路上，而不是选择用改革的新思路、新方法去解决改革的难题。"这是"贵校"反对的，他主张，通过改革化解问题。如当学校把图书放进学科教室出现丢失或损坏现象时，"我们将教室里的图书管理岗位，开发为学校的管理课程，让师生在课程的实施、完善中凝聚解决问题的智慧"。还比如："先开枪，再瞄准。""如果我们不去推动这场变革，即使再经过多少年，我们也无法预测其中的问题，可见'先开枪'的重要意义。""等待只能让我们远离未来。""在不可能具备完善的操作方案的情况下，我们通过头脑风暴等各种手段，排查出变革可能带来的 160 多个风险，一一追问，逐条研讨，分别管控，大家喊着号子自我壮胆，战战兢兢，如履薄冰，踏上了教学组织方式的变革之路。"再比如：改革要寻找新的"蛋糕"。"那些不会把蛋糕做大，只能在原有蛋糕大小的基础上重新分配的改革，难有成功的机缘。"又比如：要预测与管理改革风险。如在推进语文教学改革的初期，他们首先组织教师按重要程度排序，明确了改革的七大风险。"风险一旦明确，就显得不那么可怕了，我们可以主动出击，想办法化解或者管理这些风险。"

同时，"贵校"也在以自己独有的精神气质影响着十一改革文化与改革生态的基本底色。一位山东的校长在深度走进十一后深有感触地说：在十一，我们经常听到"包容改变落后，鼓励促进先进""不着

急，慢慢来""十一倡导一种不计较的文化"等；同时也深深体会到希贵校长所说的"在领导者和管理者天天盯着问题的组织里，问题会越来越多，而天天发现闪光点的管理，则往往使组织的亮点更显光彩"的道理。在这里，领导致力于"发现每个人可以伟大的地方"；大家遇到问题，也习惯于用研究、沟通、交流、协商的方式解决……这一切让我们感受到十一特有的文化风范——大气、包容、淡定。

我想，这种基于尊重与信任的"大气"的改革文化与改革生态的形成，一定与"贵校"积极的人性假设密切相关。他的很多管理信条，也无不是其人生哲学与生活智慧的映照和投射。正是因为有了对人性的深刻体悟，他对学校变革的领导才能抵达单纯的工具思维所难以抵达的地方；他个人的价值也才能在"迷恋他人成长"中，超越"自我实现"的狭隘范畴。

与学生建立亲密的关系，想办法离学生近一些、再近一些；让孩子们觉得，校长是他们的校长，学校是他们的学校

在"贵校"那里，"学生"具有至高无上的地位；如何与学生离得近一些、更近一些，能听得见他们的心跳，被他看得很重、很重。"用什么方法明确地告诉孩子们，校长是你们的校长，校长也是你们成长的资源，校长就在你身边，这是我一直在想，也一直在做的事情。""有了校园里孩子们与校长之间健康的关系……教育才显得更有深度、宽度和厚度。""让孩子们觉得学校是他们的，（他们）到社会上才会觉得国家是他们的。"

基于这样的理解，"贵校"与孩子们建立了亲密的关系：所有学生都有他的手机号码，都可以自由进出他的办公室，都可以随意取书；泼水节上，他被泼得最"惨"；狂欢节上，他被学生扮成"海盗船长"……2013 年 9 月 23 日，我们去十一参会，正赶上每周一次的"校长与学生共进午餐"，"贵校"一一问学生"最喜欢什么学科，是哪位老师教的，还有哪些想法"，学生的回应可谓五花八门。一位男生要求免修数学，一位女生希望增加羽绒服（校服）的样式，他都爽快地

答应了；还有一位女生反映，外教英语两极分化较严重，他说："下学期给你们分层"……赶巧的是，那天是他的生日，他把手机拿给我看，好家伙，足有几百条祝福短信！我翻看了一些，深为孩子们对他的真心爱戴所打动。"贵校"告诉我，无论多忙，他都会在当天一一给学生们回复。看到他脸上洋溢的那份自豪与得意，我想，就冲这个，他也没法不幸福地干下去，多累都值！

写到这儿，我想说，如果我们真的像"贵校"这样，发自内心地把学校当成孩子们的学校，那么，我们就会离学生很近，离问题很近，离原点很近，离正确的决策很近。

在"做"中，实现知行统一；在"化"中，让"一个人"的智慧成为"每个人"的智慧，让追随者成为领导者，让改革发生在每一间教室

现在最为稀缺的人才是懂理论的实践家和懂实践的理论家，而实现理实相融、知行合一，恰恰是"贵校"的"看家本事"。

他读过太多的书，知道太多的理论，但从本质上说，他崇尚"做"的哲学，是一个"彻底的行动者"。他努力使自己掌握的管理学的若干原理活化为领导学校变革的智慧。他相信，人的智能，最终体现为解决问题的能力；他相信，改革是"做"出来的，而"做"的复杂性，足以挑战自己的能力极限。他喜欢用行动宣示自己的价值；喜欢"讲自己做的，做自己讲的"，什么时候都不故弄玄虚、云山雾罩。他写的文章，多是千字小文，拎起来全是"干货"，且个顶个饱满、鲜活、有味道，让人一读就懂。他的许多管理信条，都朴素而深刻，一看就知道，那不是"搬"来的，而是自己体验出来的。

在让理念"落地"、"想法"化为"做法"方面，他有一招儿很管用，即注意将顶层设计或不易把握的抽象要素等一一分解，做到层层支撑、一贯到底，形成完整的实践链条。比如：2007年，他们对十一学校八大关键成功因素中的每一个要素都进行了具体的分解，并尽可能量化，以保证每一个细节的落实都指向战略。再如：在"做课程"

时，他们建立了从课程目标、课程标准、课程内容到课程实施、课程评价的完整链条，使之形成一个管理闭环。

他有很多"贵粉儿"。他的本事在于，通过高水平的服务，不仅创造自己的追随者，而且使追随者成为领导者。"校长最好的角色是首席服务官。当你的服务帮助别人走向成功的时候，他们往往就会成为你的追随者。""领导者有三层境界：一是拥有被管理者，二是拥有追随者，但最高水平的领导者是把你的追随者转化为领导者，让他们都成为某一个领域的领袖人物。"

作为一个"首席服务官"，他的"服务手段"可谓独特。比如：他善于根据成员的不同需求，组织不同的资源，包括开放他个人的资源，为师生创造一些关键事件，引荐一些关键人物，提供一些关键书籍。再如：他善于在"成事"中"成人"。"每当有一个新的领域，或是遇到一个新的问题，我们都会成立一个项目组，通过双向选择，聚集一批教师参与研究和实践。于是，他们逐渐成为领导这个领域或解决这些问题的专家。"他从不替你"背猴子"，而是巧妙地让你在摔打中学会背好自己的猴子；他能掀动起蕴藏在师生身上、可能连他们自己都不知道的潜能和激情，并帮助他们将"潜能"转化为"显能"，让他们知道自己有多伟大。他的"服务"使我们相信：领导最大的本事，就是让每个人都成为领导者。

我曾在全国各地许多校长的言行中看见"贵校"带有标志性的思想，他们用这样的思想做着自己独特的事情。一位外地校长说："我们两次在十一学习，接触过近 30 位老师。我们都有一种感觉，就是十一的老师越来越像希贵校长了……尤其是《纲要》中提倡的'追求卓越，反对平庸，拒绝低劣'，更是在老师们身上体现得淋漓尽致。"也许，这种"神似"，就是传播与"传染"的力量，就是实实在在的影响力吧。它让我们看到了将"一个人"的智慧转化为"每个人"的智慧、让改革发生在每一间教室是一个多么伟大的过程。

永远追寻"制高点"：读企业管理的书，想教育变革的事

"贵校"在谈到自己的成功要素时说，无论做什么，他都喜欢寻找那个领域的"制高点"。因为最好的管理不在学校，而在竞争激烈的商场，所以，他读了大量的企业管理的书籍，并想办法把那些经验模式嫁接到教育领域。

在一次演讲中，他列举了教育之外的一些书籍对其领导学校变革的影响——"《掌握人性的管理》启发我，管理的成功在于使每一个人都感到自己很重要。""《经济史中的结构与变迁》告诉我，要防止路径依赖。管理者往往会成为发展的瓶颈，因为他们形成了太多固定的思维方式……如果你正在想着保护好过去那个自己，那你就无法创新。""《马斯洛人本哲学》《领导学》启发我思考，到底应该用'机制'还是用'需要'撬动学校的发展。""《愿景》和《领导力》引导我从管理走向领导……最高的领导者一旦到了最高水平，他下边的员工甚至不知道有他存在……我很欣赏杰克·韦尔奇的一句话：'在你成为领导者之前，成功与你自己的成长有关；在你成为领导者之后，成功只与别人的成长有关'。""《卓有成效的管理者》和《管理工作的本质》提醒我组织结构改变的意义。""《六西格玛管理》《关键绩效指标》认为，战略重要，但战略分解和问题解决同样重要。"

在我看来，"贵校"的厉害并不在于他读了多少企业管理的书，而在于他"读着企业管理的书，想着教育变革的事"，将管理学原理性的知识与教育很好地"揉"在一起，融会贯通。这种"为我所用"的阅读，使工具最大限度地服务于价值。

最后我想说，"贵校"之"贵"还在于，他能毫不勉强地将形而上与形而下、激情与理性、理想主义与现实主义、人文精神与科学精神、价值理性与工具理性、战略与战术、动力系统与制动系统等融通于一，这显示出其作为一个不凡的领导者的改革智慧。

十一的改革还在路上。这是一条长长远远、永远"未完成"、永远向着未来开放的路。尽管还有无数荆棘，但十一人生动的集体叙事

让我们相信，在体制内的教育改革无比艰难的情境下，学校变革依然具有广阔的空间，变革会产生巨大的"解放能量"——解放思想、解放大脑、解放手脚、解放时空所释放出的无限的生产力，使教师的发展远远超越"专业发展"的范畴，学生的发展远远超越"应试成功"的范畴，学校的发展远远超越"名校竞争"的范畴。更为重要的是，这样的变革让学生"更好地成为了他自己"。他们在体验选择中学会选择，在尝试创新中学会创新，在"让变化成为常态"的文化中学会适应变化……对孩子们来说，这种在几年的时间里每时每刻都在真实发生的学习，是最"管用"的，也是其修得的终身受用的"隐性课程"。

十一人在改革之路上艰难而幸福地行走也告诉我们：一所学校之伟大，在于它能够涵养千千万万承继其文化血脉的"品牌学生"，当之无愧地成为开启孩子们生命风帆的"贵人"——此非学校之大"贵"乎？

（原载《中小学管理》，2014 年第 11 期）

/"好教育"的魅力/
——北京市商业学校借鉴多元智能理论、创建多元成才模式
的探索

　　坐在我面前的是一位脸上写满灵气的小伙子，他叫荆华，是北京市商业学校颇有些名气的学生。可用他自己的话形容，初中时的他是一位"老师看着我头疼，我看着老师也头疼"的后进生。其实，他的"病源"挺简单，就是爱出个风头、想当个小官什么的，可就是逮不着机会，因此只好以"闹"的形式表现自己，结果自然是遭到全面"打压"。2007年，他进入北京商校，刚开学不久老师就问："十一系里组织演出，谁报节目？"这可触动了荆华那根兴奋的神经。他报了说相声，结果"露脸"成功，一下子在系里出了名。时任校团委书记的程彬老师发现这孩子脑瓜好使，一点就通，而且站在台上颇有点人来疯的劲儿，就努力帮他走相声"老段新说"的路。这路走得很顺，频频登台的荆华着实找到了几分当明星的感觉。更重要的是，说相声让他"说"出了自信，"挖"出了潜能：先是自荐当了生活委员，后来又通过学代会选举，当上了校学生会的文艺部部长。正如他每次上台前总要对搭档说的那句话一样，今天的荆华相信"咱是最强的"！尽管入校仅有两年时间，但这位昔日的"闹将"早已把"自我定义"修改得彻彻底底，因为来自四面八方的信息都明明白白地告诉他：他是一名"好学生"！

　　"现在的我和初中时的我就跟两个人似的"，荆华一言以蔽之。与他一样，来自山东的小姑娘于娟也"变化巨大"，放假回家差点儿

"吓"着妈妈。妈妈不明白，原来整天寡言少语、闷在家里、撵都撵不出去的于娟，怎么到了北京就变得那么开朗活泼、"滔滔不绝"了？说起自己的"巨变"，于娟有点不好意思，但更多的是得意。"这个学校社团多，锻炼机会也多，更重要的是，别的学校的老师像老师，而这里的老师像父母。在他们的鼓励下，我慢慢地改变自己，每做好一件事，就给自己鼓掌！我先是参加了民族舞的社团，后来又自荐做了班宣委、系宣委，一步步往上'爬'，现在已经'爬'到校女生部部长的位置了！""现在，我对自己很满意，因为我觉得自己真的长大了！"

单秋爽，对商校人来说是个"有故事"的名字。2003年，这个玩游戏特"牛"、令家长担心的网迷进入计算机应用专业学习。他酷爱电脑，尤其对编程痴迷。由于在专业课上"吃不饱"，所以他就偷偷玩游戏，还经常用自己写的病毒搞恶作剧，甚至把教师机"搞瘫"。任课教师发现后并没有发火，而是找他聊天，了解到他有超前学习的愿望。于是，学校专门为他制定了个性化的培养目标，调整了他的课程安排，并请专人给他"开小灶"。为了给他的才能发挥找到更好的"出口"，任课教师邀请他当考试助理，参与命题；系里请他帮助建立系部的 BBS 系统；学校鼓励他在教师的辅导下，用 VB 开发"教师测评系统软件"……这一项项任务使单秋爽兴奋不已。他刻苦钻研，常常废寝忘食、通宵达旦。现在，单秋爽已成为国内咨询业中知名的锡恩公司管理系统事业部的总经理，被公司总裁、首席顾问誉为"锡恩 IT 第一人"。这位"出身"中职且最年轻的总经理，领导起手下的博士、硕士来一点儿也不费劲。

……

走进北京商校，这样的故事还有很多，如果要用一句话来概括其共通点的话，那么最贴切的莫过于孩子们"低头走进来，昂首走出去"！多好的"昂首"啊！它是商校孩子们群体的气质、群体的精气、群体的豪迈！它是商校美丽的校园中最迷人的风景——每一张青春的笑脸都写满自信、洒满阳光，每一双"隐形的翅膀"都飞向希望！

走出北京商校，我想用一句话来表达这个了不起的地方带给我的感受，搜索良久，还是从陶行知先生那句至为素朴也至为精辟的话中"搜"出了一个自认为恰切的词——"好教育"。先生说："教育是什么？教人变！教人变好是好教育。教人变坏是坏教育。"对，就用"好教育的魅力"来描述商校带给我们的种种冲动与感悟吧！

接下来，请允许我将北京商校"教人变好"的一章章、一幕幕慢慢铺展开来。

他们，从集体阵痛中艰难走出；
他们，为爱寻到一个充足理由

北京商校是一所建校已 45 年的"老中专"，过去生源不错，收的大多是区重点分数段的学生。1999 年高校与普高扩招后，他们与其他职业学校一样，面临生源数量和质量"双下降"的问题，生源从过去的高分生渐变为中等分、中下等分，甚至总分为个位数的学生。这样巨大的变化使教师难以按照已往的教学方式组织教学，"教了一辈子书，到现在不会教了"。不少老教师都经历了从"喜欢上课"到"不想上课"再到"恐惧上课"的过程，还有的教师发出了"上课如上刑""上课如上战场"的无奈感受。

这种集体阵痛带给教师们的是难耐的折磨。面对一个个让人"爱不起来"的学生，一些教师开始对自己的职业信念产生怀疑，职业理想、职业激情和职业信心受到严重打击。

正在这时，一股来自异域的春风——多元智能理论——吹绿了商校的每一寸土地，将教师们从沮丧、苦闷、迷茫、彷徨中唤醒。我所接触的好几位教师都不约而同地用"茅塞顿开""豁然开朗"来形容"初识"多元智能理论时的真实感受。

新的希望就这样在阵痛中诞生了！

正如北京教育学院著名教授梅汝莉老师所言：所有教育理论的提出、教育观念的生成无不基于对人的解读；教育的不同，本质上源于对人的诠释的不同。我们正是从"人学"这一哲学层面借鉴多元智能理论的。该理论吸纳了脑科学的最新成就，深刻揭示了人的智能的多元性，指出人的差异是绝对的；每个人的智能不仅具有先天性，更具有后天的发展性；人的个性与人的社会文化性是一个辩证的统一体。教育的任务就在于创造适合不同智能结构的学生发展的条件，使他们获得成功。这就为我们走出单一智能理论的窠臼、拯救"应试教育"的失败者提供了新的视角。它必将使教育观念和教育实践发生革命性的变革。

在一系列革命性的变革中，最具有标志性的当然是学生观的改变——教师们换了一种眼光看学生，换了多把尺子量学生。这一"换"，便"换"出了一片新天地——

在他们眼里，原来的"笨孩子""闹孩子"变得可爱了。学习多元智能理论后，他们重新"端详"起眼前的学生。他们发现，这些"低分"的孩子大多并不"低能"，只不过他们的"能"、他们的可爱之处在传统的以单一的智能理论为支撑的评价框架下"显"不出来。他们还发现，看学生的视界宽了，心自然也就宽了：自己开始真心地喜欢上原来那些被视为"问题生""学困生"的孩子，开始真正地包容、尊重、善待乃至欣赏学生的差异……于是，学校提出的"人人有才，人无全才，扬长避短，个个成才""行行能成才，人人争成才，学习助成才，实践促成才"的人才观毫不勉强地为大家所接受，成了商校著名的"顺口溜"。

在他们眼里，原来"另类"的、"别扭"的孩子变得"太有才"了。戴上多元智能这副"伯乐镜"，反复体会"在学生的不良行为中往往体现他们的智能强项"的论断后，他们发现了许多像单秋爽、荆华那样可能以"歪着"的形态表现出特殊才华的人才。身边越来越多的实例使他们相信，在一般人看来有些"另类"的学生或许恰恰就是某种智能的超群者。于是，便有了他们对这些"捣蛋鬼"的特殊呵护与悉心培育。

总之，一个"多元"带来了万千变化，它让教师变得积极了、乐观了，它为教师去爱那些以往怎么也"爱不起来"的学生找到了最充足的理由!

他们，决意要做"不一样"的职教；
他们，重释中职教育的价值与尊严

近十年来，与生源质量下降相伴而生的是中职教育的社会地位以及职教人自我价值感的下降。商校的史晓鹤校长说，每到招生咨询时，几乎所有家长对她说的第一句话都是："校长，我们这孩子不行……"说起来真让人悲哀：连最疼爱孩子、最该望子成龙的父母也对职校、对孩子的发展没有太多的期待，"找个工作了事"是家长的普遍心理。

职业教育真的该这样"悲惨"吗？不！对学生有了"新解"的商校人决意要做"不一样"的职教，重释中职教育的价值与尊严！

他们确信，中职教育价值无限，中职学校不仅"有的可干"，而且可以"大有所为"。这种"意义重估"基于他们对中职教育的特殊价值以及对学生的判断：学生没有不好，只有不同。走进商校的每一个学生都是独特的，他们的多种智能为社会所需，但为依然生产"标准件"的普通教育所遮蔽。在视分数为学生"命根"的背景下，"命根"不保，"生命"自然也就枯萎了。所以，考试失败的孩子遭遇的常常是一种全面的、彻底的否定——对整个人的否定和来自多主体（特别是自我）的否定。这种否定对成长中的生命的打击是持久且致命的，它造成了教育最大的不公、最大的不仁！中职学校聚集了一大批被这种教育放弃、抛弃，而事实上蕴含着无限发展可能的孩子。从一个角度看，这是中职教育之"难"；从另一个角度看，这又是中职教育之"光"。让不成功者走向成功，让青春的希望之火重燃，让孩子们抹去伤痛的记忆，将自己全部的发展能量都释放出来，让曾经黯淡的人生因为我们的"助力"而精彩辉煌，让我们通过"发展人"而实现教育对社会的贡献……世界上还有哪种事比这更伟大、更神圣呢？

他们在"高位"上确定商校的功能与责任。"以服务为宗旨，以就业为导向"是近些年职业教育喊得最响的口号。但在实践中，不少职校片面强调"就业"而淡化"服务"。这种纯粹技能化的职业教育很容易沦为简单的职业培训，甚至可能以牺牲职业教育的质量以及学生的长远发展为代价。难怪有的"老职教"担心，这样下去，我们培养的可能是新一代的下岗工人！史校长在与记者聊到这个话题时说：职业培训解决的只是就业的"门槛"问题，而我们必须解决学生持续发展的能力问题；职校间的区别往往体现在学生是仅仅找到一个职位，还是有一个稳定的职业，抑或有一个稳定的、好的职业。

我体会，其实这里涉及的就是一个"态度"问题，一个如何看待与对待这些孩子的问题，一个肯不肯真正践行"以生为本"的理念、为学生一生的发展负责的问题。在这些问题上，史校长他们的答案很明确：北京商校要"使教育在每个人身上得到最大成功"，为每一个孩子的终身发展负责，为每一个学生的成人、成才、成功服务——不仅要让学生具备较强的专业技能，使其具有较强的入职能力，而且不能降低对其全面素养的要求，特别是不能降低学生做人的品质。2005年到2006年，商校集中九个月做学生分析、市场需求分析、商科人才类型分析，在此基础上，建立了融知识目标、能力目标、情感态度价值观目标、综合素质目标为一体的学生培养目标体系以及各专业的培养方案。无论是纲领性的文件还是具体的实施方案，都渗透着商校人办学的大理想、大胸怀。

> 他们，"多元切入"，一切行动依学生而变；
> 他们，"千方百计"，只为助学生成人成才

与普通高中相比，解决学生多元成才的问题对职业学校来说意义更为重大，任务更为艰巨。要助学生多元成才，不"多元切入"不行，因为职校的学生"多种""多样"又"多层"，个性特征十分鲜明；不"千方百计"也不行，因为学生在传统教育的挤压下，留下了诸多的"后遗症"，需要我们想尽一切办法耐心医治。

北京商校为学生多元成才所做的努力就是用若干"大部头"也难

以言尽，而最让记者感动的是映现在其中的拳拳的爱生之心。我确信，有了这样无限的爱心，才会有无限的方法、无限的创造。对学校和教师来说，"划一"总是简单的，"多样"总是复杂的；给学生多一种选择，就可能给自己添一重困难；为学生提供更多的方便，也许就给自己找来更多的麻烦……很难想象，没有对事业、对学生的深情，他们会那样尽心竭力、自讨苦吃。

下面我们就来看几组镜头，感受一下他们的"多元切入""千方百计"吧——

"放大"多元选择的时空，让学生理性地找准适合自己的路。 在帮助学生选择多元发展之路时，商校着力在"理性"二字上做文章，使学生由直觉的、盲目的选择，变为有效的、科学的选择。他们首先通过对学生的跟踪调研以及观察判断，对"这个学生到底是什么样的人"，特别是其优势智能、发展潜力等有一个基本的把握。在此基础上，针对这个年龄段的学生"易变"、其个性特长有一个逐渐清晰和稳定强化的过程的特点，他们将学生的选择时空尽可能"放大"，让学生在高中阶段可以"全过程""全方位"地选择。这样多次、多种、多层的选择，适应了学生动态发展的需要，真正实现了对学生的个性化服务，为学生搭建起多元成才的"立交桥"。商校的学生至少有四次多元选择的机会：一是入学报考前，学生可以通过教师走出校门提供的一对一的"预指导""全天候开放日"的现场参观或者远程咨询等方式了解学校，在报考时尽可能选择自己喜欢的、适合的专业以及适合的学制。二是入学初期，学校通过详细介绍各专业及各种培养模式（商校实行多元办学，打破职业教育、成人教育、普高教育的界限，兼顾就业与升学两个培养目标）的特点、个体访谈与观察、综合能力分析、意愿申报、语数英测试等方式，帮助学生选择适合自身智能类型及社会发展需要的专业及培养模式。这次选择既包括就业、升学或留学的选择，也包括各专业之间的调配选择（学生可换专业）。三是校内主体学习阶段，学校以关注学生成长为核心，重点指导学生有针对性地扬长补短。例如：教师指导学生选择有利于自己扬长补短的社团，通过观察其在社团的表现，持续性地对学生的潜能发展给予指导或建议。又如：学校坚持让学生在"双导师"（班主任＋有经验的专业教师或德育教师）的指导下，做目标与措施相结合的个人职业生涯设计，将对智能优势与正在形成的个性特点的分析，引导到对职业理想与职业目标的选择上。在此阶段，对于在成长中逐渐明确方向的学生，学校再次给予补充选择和调整的机会。四是毕业实习前夕，学校提供最后一次选择机会，学生可以最终决定自己是就业还是升学。史校长说："我们之所以下这么大气力去做这件事，就是希望学生选择的专业与他的个性特点、智能类型、兴趣爱好能够最大限度地匹配，让他们'爱一行，学一行；学一行，更爱一行'，真正找准适合自己的路。"

"主渠道"依学生而变，提倡多元，凸显"有效"。北京商校的教学观是：成功的教学在于使每个学生成为有效的学习者。何谓"有效"？记者理解：一是学得进去，二是学了有用。为了实现这种"有效"，北京商校对现有的"主渠道"进行全面改造，改造的"基本路线"即以生为本、依生而变。

比如：为了使那些对传统课堂充满厌倦感且基础极差的学生能够学得进、学得会，教师们可谓绞尽脑汁。他们在教学中不再固守一种模式的教学语言，而是"多元切入"，用学生喜欢的、适应其智能特点的表达方式和理解方式组织教学。商校的学生数学底子大都不好，为了帮助那些原来连三角函数的符号都看不懂的学生理解"任意角的三角函数"中那么多的概念和公式，许哲老师写了一个名为"三角函数之家"的话剧剧本，居然组织几个班的学生"演"起了数学（全员参与，或饰演角色，或制作道具）。学生们热情很高，"演出"获得巨大成功。一位因演得好而获奖的学生说："原来我压根儿不知道什么是三角函数，但通过一次次的排练，我居然认识了它，而且会用它了！"语文马老师的课堂可谓花样翻新——写作训练：全班共同创作一部小说《梦》；口语表达训练："小说联播"（每天写小说的学生朗诵自己的作品）及"小广播"活动（学生轮流主持）；课文学习："今天我们是老师"，由学生讲课文。在商校，我们可以"见识"到许多像这样的由教师自创的不拘一格的教学方法。它们有一个共性，就是让方法"靠近"学生，让学生成为课堂的主角。语文基础知识的学习原本是枯燥的，但在王芊老师的课堂上，学生却大呼"过瘾"！比如学"红楼梦单元"时，王老师没有"自言自语"，而是请学生就感兴趣的话题"畅谈"。结果，有的同学讲起宝黛"木石前盟"的爱情故事来如痴如醉；有的对晴雯爱得不一般，直呼"我的晴雯"；有的居然引经据典，研究起"红楼人物与十二星座"的关系，名曰"红楼梦中人，星宿璀璨仙"。

再如：拉近学校教学与专业岗位情境的距离，凸显知识的应用性，是商校教学改革的"主调"。为此，他们努力培养"双师型"教师，并在语数外等基础学科推行"功能化教学"。如他们对数学在本校五大专业中的应用情况进行调查，增加了与专业结合的内容：营销专业在函数部分增加盈亏分析和导数的内容，并对市场进行分析；物流专业增加线性规划的内容，并设计物资调运方案；旅游专业增加运筹学的内容，学习合理安排行程的方法。这样，学生理解了学科的真实价值，感到学了有用，就会以更积极的态度去学习。

与加德纳教授关于"人的智力应该以其解决问题的能力来量度"的论断高度吻合，商校教师在组织教学时，努力把僵化的知识传授过程变为无限灵活的问题解决的过程，使学生在"活学活用"中提高实践能力。王彩娥老师在讲商品促销工具的运用时，打破了逐一讲各种工具优缺点的方法。她先带学生到王府井搜集各个商店的促销方式，回校后再讲理论，学生很快就掌握了相关的知识点。然后，她又让学生对自己常去的商店进行调研，并为老板设计一份促销方案（此方案即作为这一单元的技能考核）。来君老师在英语教学中强化实际应用，淡化语法教学，教学生"用得着"的英语。在对旅游专业的学生进行考核时，她给出客房预定、饭店设施介绍、点菜等几个主线情境，列出必有情节和可选情节，并给学生足够的时间准备"脚本"，选择同一主题的学生还可组成合作小组。这样实用的英语，学生很爱学。口头表达能力是左右中职生发展的重要因素，比如在职场中如何用语言巧妙地化解各种突发的矛盾就是个大学问。为了锻炼学生这方面的能力，邵凤臣老师常常在口语练习中设置一些真实的情境，如"有位顾客将超市的一瓶洗发水塞进大衣，作为营业员，你打算怎样处理这件事？请表演一段情景对话"等。渐渐地，他发现，学生"会说话了"！

为了培养学生的实际操作能力，商校还创新校企合作方式，通过开办"店中校""校中店"（在实训楼，有学生经营的超市、旅行社，还有大明眼镜店、"格子铺"）等方式，实现教学与实践的零距离结合。

又如：商校在各学科实施多元发展评价，考试考核的新方法层出不穷，其核心都是实现从关注"分数"到关注"人"的转变。如数学学科实行"全程监控法"，变传统的"减分"理念为"加分"理念（学期开始时是零分，课堂纪律好可以加 10 分，笔记好、课堂作业好、学习总结好、活动作业好都可以分别加 10 分……）。这样激励性、贯穿全过程的考核，帮助学生自我校正长期以来形成的不良学习习惯与思维习惯，使学生受益终生。

"第一目标"不打折，"六节课外"天地宽。给在义务教育阶段发展受阻的学生以正确的价值引导，助他们"成人"，是商校人最看重的"第一目标"。这首先是通过"立体德育"实现的。"立体德育"就是"多元切入"的德育，就是"弥漫"在学校方方面面、角角落落的德育，就是使"德""能"不再分离的德育。比如：商校特别强调生活养成、职业养成，他们编写了体现思想性和文学欣赏性、渗透美育的《早读读本》；将企业对员工职业道德的要求前移到学校教育中，并根据专业特点，提出具体要求：财金系"诚实守信、廉洁自律"，珠宝专业"严谨、精细"等；将德育目标一一分解到所有课程中，力求"节节有德育"；对带班教师提出"班主任要和学生在一起"的要求，班主任每周住校两天，去餐厅、跑宿舍、与学生谈心、组织活动。同时，学校还要求全体教职工树立"人人是老师，处处有德育"的意识，以爱育爱。"小学科"对提升学生的内涵修养也有特殊的作用，因此颇受重视。学校配备了 20 多人的强大队伍，组成德体美教学部，在教师的共同努力下，生活化、功能化的审美实践活动课丰富多彩，体育课的育人功能被发挥得淋漓尽致……这一切都凸显了德育的实效，强化了学生作为"准职业人"的综合素质。

商校育人的另一个特点是做好"六节课外"的文章。做团委书记时整天和学生"混"在一起的程彬老师（现任校党委副书记）对记者说："这些孩子很聪明，只是以前缺乏引导。要让他们实现自己的价值，就必须给他们'找事干'，所以我们设计了很多有意义的活动。事实证明，社团出人才，活动出人才，干部队伍出人才。"如程书记所言，在商校，许许多多的"事"把学生的课余生活占得满满的。学校每年组织的大型学生活动有 20 余项，覆盖五六千人。除了每月都有一个主题活动外，还定期举办卡拉 OK 大赛、"唱响国歌"歌咏比赛、激情广场等文娱活动，以及各种球类比赛、拔河赛、跳绳赛、队列比赛、广播操比赛、风筝文化节、火炬接力赛等体育活动。庆祝教师节、母亲节、父亲节、集体生日、隆重的成人日、社会实践活动等，将感恩教育与责任教育渗透其中。此外，还有深受学生欢迎的"校园之星"评选活动以及由学生自报项目、自定规则、自己组织的"商校吉尼斯"竞技活动。商校的学生社团非常活跃，异彩纷呈：国旗班是首都中职学校最具特色的社团，曾被评为市级"优秀国旗仪仗队"；模特队是职业技能型社团，学生们在 T 台上展示着自行设计的服装，高雅、优美；礼仪队是志愿服务型社团，而街舞队是兴趣爱好型社团……每个学生都以最真挚的情感参与到社团活动中，扬己所长，释放个性，重塑信心。商校的"六节课外"天宽，地也宽！

他们，在创造中享受，在享受中创造；
他们，成就感一流，幸福感一流

让师生的"成就感一流""幸福感一流"是商校追求的一种理想，也是随时随地都可以触摸到的一种现实。

学生的成就当然可以用无数成功的案例和令人自豪的数据量度，但史校长他们最珍惜、最感欣慰的是学生精神面貌的变化：曾经自卑的，变得悦纳自己；曾经萎靡、叛逆、抗拒的，变得阳光、进取、乐群；曾经对前途深感茫然的，找到了属于自己的目标。学生的无数令人激动的"第一次"在这里诞生：第一次获奖、第一次受表扬、第一次当干部、第一次听到别人给自己的掌声……听听学生怎么说吧——"第一次听到表扬，我整整激动了一天，感到浑身有使不完的劲儿。""过去不知道，原来我也行！""在这里，我找到了人生的坐标，对未来充满向往和期待！"学生们享受着成长中的幸福、幸福中的成长。

与学生们一样享受的还有那些"伟大的"老师们——他们在商校这片土地上找到了自己的精神价值与事业归属；他们"幸福着学生的幸福"，在成就学生的同时亦成就着自己。我们来看两段话——"我曾为单元教学设计了现代诗歌朗诵会和戏剧鉴赏表演两次大型活动……我被学生们精彩的表现深深地感染着。当我与学生共同诵读、演唱闻一多的《七子之歌》时，群情振奋；当我和学生一起连排《茶馆》《罗密欧与朱丽叶》等六部大戏时，他们个个精神、人人出彩；当学生对我说'我在活动中发现自己潜能很大，这是我以前不知道的''看到自己编的剧本被同学们演绎得那样淋漓尽致，我特自豪、特高兴、特有成就感'时，我终于明白了，什么是职校教师的幸福与快乐！""每当看到学生因潜能被激发而一点点被大家肯定时那日渐明亮的眼神、日渐焕发的精神，我的职业信心就增加一分，职业信念就坚定一分。渐渐地，我找到了作为职业教育者的价值。"

我想，"教人变好"是结果，也是过程。北京商校人写满艰辛与幸福的创造过程，使我们对"好教育"的解读变得更加丰满——

"好教育"是最公平的教育。它不抛弃、不放弃，面向人人，倾心打造"360行的状元"；它通过学校管理体制与机制的变革，追求最大限度的"过程公平"。

"好教育"是高绩效的教育。它努力使学生最大限度地"变好"，使学校教育获得最大限度的增值。

"好教育"是最和谐的教育。它使良知与智慧、人文与科学、激情与理性相契相融，相辅而行。

……

"好教育"之解无穷，其魅力亦无穷。在这"连鬼都未知的力量"（一位老教师对"魅力"的释读）面前，我只想邀大家一起——

向"好教育"致敬！

向创造"好教育"的"好人们"致敬！

（原载《中小学管理》，2009 年第 10 期）

想不到，坐在台下的 200 多位来自全国各地名校的校长，竟会被台上几位激动的家长"传染"得也"疯狂"起来。他们全体起立，大喊"加油"，全然没有了平日的矜持。这沸腾的一幕出现在中国教育学会中小学整体改革专业委员会以"田园城市，美好教育"为主题的学术专题会议上。如果您想了解详情，就请和我一起走进四川成都市泡桐树小学，听故事，品想法。

/ 家长"疯"了　家校"和"了 /
—— 四川成都市泡桐树小学家校共育见闻

记者在这里给您讲的是四川成都市泡桐树小学——"泡家"的事儿。这"泡家"可不一般，万八千个"泡娃""泡爸""泡妈""泡师"和和美美地生活在一起。那情、那景让人觉得有几分陌生，更有万般羡慕与感动。

记者回放：激情讲述——"我们是怎么'疯狂'的？"

那天，记者与参会代表一起，在泡小现场"见识"了"泡爸""泡妈"们那幸福的"疯狂"，听他们在台上激情讲述自己是怎样一步步被"卷入"学校教育中来的——

谭爸爸：我是泡小家委会的会长谭学斌。泡小家委会分三级管理，有班级家委会（每班 8～10 名委员）、年级家委会和校级家委会

（每个年级推荐一名委员）。家委会实行民主选举，采用轮换制，每个家长都有机会参与进来。我们的常设机构是校级家委会。几年来，我们和学校一起组织国家级活动五次，省部级活动20多次，市、区级活动上百次，班级活动超万次。通过这些活动，家长的优质资源转化为有效的教育资源，家校共育充满活力。

赵爸爸：我先来"诉诉苦"，我们做泡小的家长真的不容易。孩子还没入学，就有朋友给我打"预防针"：你就准备"疯"吧！我说：没那么严重吧。你还别说，当了"泡爸"后，我觉得自己真是"疯"了，不过这种"疯"很吸引人。那我们是怎么"疯狂"的呢？

▲ 温柔电话："这一招儿就让家长'进了门'。"

赵爸爸：本想找个好小学，把孩子送进去，咱就转身忙去了，可泡小不会让你这样。他们做家长的工作有很多招儿，使我们不知不觉就被卷入其中。记得孩子入学报到前两天，我接到一位老师的电话："我是一年级一班的蔡老师，你们赵云在我们班，星期六请您和夫人带赵云一起来报到吧。你们一定要亲自陪孩子来啊，这可是他成长过程中一个重要的历史时刻！"我一想，是啊，这"历史时刻"可就这么一次，咱不能耽误了，再说，那么温柔的声音，你怎么拒绝啊？人家都那么重视你的孩子，你能说"我有事儿，去不了吗"？所以我赶紧说："好好，我们一定来！"学校这一招儿就让家长"进了门"。

白妈妈：这电话我也接到过，不过是个男老师的电话。

赵爸爸：这是泡小的一个高招儿，男老师主要针对妈妈打电话，女老师主要针对爸爸打电话。

▲ 爱心定格："咱们几个人将对这个孩子的一生产生重大影响！"

白妈妈：泡小吸引家长的方式是一招儿胜过一招儿。我和老公按照学校的要求，穿着盛装带着女儿去报到，一进教室，就看见黑板上写着"爱，使我们在一起"，两位老师热情地迎过来搂着我女儿说："宝贝，你叫什么名字啊？恭喜你成为泡泡娃，欢迎你成为我们家的一员。"并且把蛋糕、冰淇淋拿给她："宝贝儿，这是老师妈妈送给你的见面礼。"当时孩子就高兴得手舞足蹈，完全消除了陌生感。老师一边拉着我女儿的手一边招呼我们："来呀，咱们是一家了，一起合个影！"只听"啪"的一声，两位老师妈妈和我们一家三口来了个"全家福"。

谭爸爸：那个场面很感人。老师对我们说：咱们"泡家"有四位成员，一位是我们的泡泡娃，一位是我们的泡泡老师，另外两位就是我们的"泡爸""泡妈"。咱们几个人将对这个孩子的一生产生重大影响！当时我们就觉得自己融入了一个很大的家庭，起码是几十个家庭，再一放眼，那是几百、上千个家庭啊。

▲ **重返校园**："那天我们上了三节课。"

白妈妈：第二天，老师就通知我们参加家长重返校园暨家长学校开学典礼活动。刚开始我还以为老师是告诉我们一些注意事项，结果不是。我们一进教室老师就说：亲爱的家长们，今天请你们放下身份和面子，当一回小学生，体验一下孩子在泡小即将开始的真实的学习生活；而且，今天我们要评奖，谁要是最乖、最好，我们就给他发棒棒糖，让他先戴上红领巾。老师的一席话，让我们又好奇又兴奋，人人都激动了起来。首先我们抽签确定座位，这个座位就是我们宝宝未来的座位。

那天我们上了三节课：第一节课，"爱使我们相聚在泡桐树"，老师介绍了泡小的教育教学理念。第二节课，"缘分使我们相聚在一年级七班"。"泡爸""泡妈"们拿出昨天的"全家福"，介绍自己幸福的一家，好多家长都兴奋得"刹不住车"了。一会儿，窗外响起了激扬的运动曲，老师说："小朋友们，请你们手拉手，赶快到操场去做操。"刚开始我邻桌的那位"泡爸"还不好意思，我一看急了，一把抓住他的手说："快！要不然我们就吃不到棒棒糖了。"做完操，我们回来上了一节更精彩的课，内容是自荐，竞选中队委（就是未来的家委会）。家长们争先恐后，使出十八般武艺。最后和我PK的那位"泡妈"特别厉害，能歌善舞的。我一看快没机会了，大声说："我年纪比你大，让我上！"我们班第一届家委会就这样诞生了。

沈妈妈：重返校园是泡小专门为孩子刚入校的"泡爸""泡妈"设计的活动，我们都非常喜欢它。因为它使家长们亲身体验了孩子在学校的学习和生活，学会站在孩子的角度去思考问题。

▲ **入队仪式："一个活动带动了一年级的所有家长、老师和学生。"**

赵爸爸： 泡小还有很多能激发人的激情的活动，非常典型的是入队仪式。因为上届做得特别好，所以我们一班要想做到"一班一班，非同一般"就必须有所突破。当时我们开了个会，家长都来出主意，最后决定由一位鼓打得特别好的担任音乐教师的家长教孩子们打鼓，这样打起来谁都没有我们声音大。可一年级的孩子要把鼓打齐了谈何容易啊！那个家长每周至少抽空来教一次，平时几个全职妈妈每天下午都陪孩子们练习。结果，入队仪式上，孩子们整齐出场，鼓声飞扬。后来戴红领巾，我给孩子戴，孩子给我戴。旁边的"泡妈"们，戴上红领巾眼泪"哗"地就下来了，我是男人得忍着不能哭啊，但仍觉得那次活动真的非常感人。一个活动带动了一年级的所有家长、老师和学生，大家迅速融合。而且，家长中你会什么、他会什么，大家都知道了，以后再搞活动就轻松多了。

▲ **中超联赛："'泡家'几千名家长'疯狂'至极。"**

谭爸爸： 如果说入队仪式是年级总动员的话，那么，2008年的中超联赛迎奥运活动就是全校总动员了。这个资源来自我们的一位家长——前国家男子足球队队长马明宇。当时杨校长找到我说："谭爸，我接受了组织一个大型活动的任务，希望家委会配合。"当时我比较担心安全问题，那可是上万人参加的活动啊，可杨校长却坚定地说："越是有困难越能锻炼孩子；孩子们有什么样的经历，就有什么样的成长。"这两句话深深地打动了我。我想，杨校长作为学校安全的第一责任人都勇敢担当，我们家委会还能说什么呢？于是，我们就下定决心，一定要把这次活动搞好，为泡小争光。家委会全体总动员，踩点、策划、准备道具……

谢爸爸： 那天在现场，泡小的2000多名师生摆出了奥运五环和2008的图案。除了师生的精彩表现外，"泡家"几千名家长也"疯狂"至极，那气势简直赶上了世界杯决赛！那天，我站在泡小专区中央的一面大鼓前指挥，我们泡小的师生一出场，每个年级家委会的成员就随着我的指挥，带着所有家长大声地加油助威，"泡小、泡小"的声音震天动地（谢爸爸越说越激动，领着我们现场演示了一下那时的"疯狂"——记者注）。那一次，我们所有泡小人用一种不可战胜的力量超越了自己，征服了全场。说实话，当时我们家委会真没想到，我们居然有那么大的力量，能够把泡小所有家长"攒"在一起，形成那么强大的合力和凝聚力。

王爸爸：实际上，泡小就是通过一次次活动让家长感动，让家长学会换位思考——如果我是孩子，我该怎么办？我们知道孩子是怎么样的，就知道了怎么去教育他。

▲"家长讲坛"："原来真正水平高的不是大学老师，而是小学老师！"

黄妈妈：通过一次次活动，我们发现，家长当中有很多精英。于是我们家委会就想，能不能把这些资源整合起来，为孩子们打开一扇扇知识之窗？我们把这个想法传递给学校，校领导特别支持，把每周五班队日活动的时间都给了我们。家委会利用这个时间，组织孩子们参加各种社会实践活动，开办"家长讲坛"。

说起这个"家长讲坛"，我们班出现的人物可多了，邮票爸爸、童话妈妈、规划师爸爸……其中有一位"爸爸老师"给我留下的印象特别深，他是我国歼-10飞机的设计师、成都飞机研究所的副所长。当我们怀着非常忐忑的心情请这位工作特别繁忙的聂爸爸讲课时，没想到，他一口答应了下来。事后聂爸爸说："我做过无数次讲座，从来没有像这次给孩子们上课那样认真，我和助手整整备了两周的课，第一次当'爸爸老师'就让我终生难忘。"那天，他把人类自有飞行梦想到现代航天科技的发展串联成孩子们能听懂的一个个故事，还带来了好多飞机模型给孩子们讲解，让孩子们真正上了一堂意义深刻的科普知识课。

沈妈妈：现在可不得了，家长要上讲坛，是要层层选拔、相互PK的！

王爸爸：是啊，每月一次讲座，每学期也就能安排几次讲座，可家长资源很多，报名的常常有几十、上百个，各种选题都有。现在我们家长都有一个意识，就是要成才"成一窝"，而不仅是"成一个"。

沈妈妈：我很荣幸走上这个讲坛。其实，讲课前我挺自信的，觉得给小孩子讲堂课对我这个获过教学奖的大学老师是小菜一碟。不过走上讲台后，我发现远不是那么回事儿，要把很多事给小学生讲明白，还真的很难。所以，当时我就很感慨：原来真正水平高的不是大学老师，而是小学老师！有了这样的体验后，我们才真正体会到小学老师的不易，也因此对老师更加理解、更加尊重了，家长和老师的关系也越来越融洽了。

▲ 网络无缝："发一个通知，24 小时之内家长全部有反应。"

赵爸爸：开始我们把家委会看作一个"纽带"，把家长和学校连起来；后来发现它是个"桥梁"，架起我们与学校沟通之桥；再后来发现它还是一个"网络"。

谭爸爸：我们每届班级、年级、校级的家委会成员加在一起就有 1000 多人，你想，这个网络会有多大，速度会有多快！

王爸爸：现在我们搞什么大型活动，发一个通知，24 小时之内家长全部有反应。这可不是吹牛的！还有，泡小的网站也非同一般，光家长管理员就有 700 多个！

杨妈妈：学校网站还专门为"泡爸""泡妈"开设了家长频道，许多家长都把教育孩子的心得写成文章。这些充满感染力的文章，激起了很多家长对教育的热情和信心。现在每天去泡小网站浏览已经成为我们生活的一部分，因为我们发现，我们的收益越来越大。比如原来我们给孩子买书很盲目，而学校定期在网上向我们推荐适合各年龄段孩子阅读的书目，就解决了我们的难题。

赵爸爸：除了网站外，学校还有短信平台、学生评价网，我们自己还建了博客群、班级 QQ 群、班级论坛……现在，家长联系起来非常方便。

黄妈妈：为了记录孩子的成长过程，我们班的家委会每学年都为孩子们做班级画册，现在已经出了三本，其中有孩子在泡小成长的点点滴滴，有他们在泡小遇到的一些"大事情"，还有我们家委会组织的各种各样的活动。我家里的那两本已经快被孩子翻烂了，他还常常边看边自个儿乐呢。

▲ 主动"疯狂"："选择了泡小，就选择了一种生活方式。"

王爸爸：真要把我们泡小家长的事儿说透了，就是三天三夜也不够啊！我有一个体会：选择了泡小，就选择了一种生活方式。这种方式如果夸张一点来形容就是：选择了泡小，就选择了"疯狂"！我们愿意在这个充满爱心的大家庭里，一起为孩子的教育而"疯狂"！

黄妈妈：我们"疯狂"着，陶醉着，陶醉在孩子成长的过程中，也陶醉在我们自己成长的过程中！

家长激情讲述，校长激情回应——家长发言后，杨昭涛校长即兴走到台上，激动地说："有这么可爱的家长，我说什么都显得苍白。现在，我以教育的名义，拥抱我们每一个'泡爸''泡妈'！"那一刻，他们的泪水和着我们的掌声，使现场气氛达到高潮。

记者手记：续读"泡家"，唯愿向"疯狂"致敬！

大会散去，可与"疯狂"相关的话题还在继续——

宾馆"接着聊"

当晚，谭学斌、马明宇两位"泡爸"赶到宾馆，为我送来了他们班级家委会为 2011 届 4 班的"泡娃"们精心编辑的两本画册（二、三年级各一册）。我们又聊了好一会儿。说起家校共育，他们的自豪之情、得意之感溢于言表。谭爸爸说：真的是"选择了泡小，就选择了一种生活方式"，现在，家委会是我联系最紧密的一个圈子，大家在这个圈子里都很愉快，凝聚力也越来越强。比如：我们班搞"春晚"，54个家庭都到齐了，连三对离异的家长也都来了。周末，各班、各小组的亲子活动特别丰富（老师也参加），什么亲子运动会啊、爬山啊、种地啊，很多班都有自己的农场、树林呢。我们班的几个家长还带着一帮孩子去了几次外地：2007 年，我们带着 15 个孩子去宁夏，为当地小朋友捐款捐物；2008 年，带着 8 个孩子去北京观奥运；这些日子，正筹备着暑期带他们去世博……在泡小，孩子作业不多，家长"作业"倒不少，可好多都是我们"自找"的……说实话，我们什么"长"都当好了，就想挑战自己，当个"好家长"……您不知道我们家长有多可爱！有位"泡爸"在家长讲坛上讲课，紧张得手上直出汗，备课时整了好几个版本，反复琢磨，是这么讲还是那么讲，是用普通话还是用四川话；还有一位"泡爸"为了参加家委会的活动，在原定航班停飞的情况下，作出了一个"疯狂"的举动：自己开车，风雨兼程，用了 12 个小时，从攀枝花直接开到学校参加活动……

两位"泡爸"还为我"导读"了那两本精美的画册，里面有好多栏目，其中"缤纷小分队"记录了四个小组的外出活动——一组：7 月 1 日，锦城花园游泳记；9 月 1 日，参观国防乐园，到安德鲁森食品公司自制月饼；10 月 28 日，浣花溪公园观鸟；12 月 1 日，参观东郊工业博物馆；12 月 23 日，参观科技馆。二组：……

21 次"夜总会"

泡小执行校长周英与家委会的"泡爸""泡妈"们接触很多，常常被他们深深地感动。她告诉我：学校家委会的各位家长工作都特别忙，所以，他们通常都是晚上开会商量家委会的事，被戏称"夜总会"。比如：家委会对这次接待与会代表的事特别重视，他们精心策划、反复琢磨，从 3 月 3 日起，在大约两个月的时间里共开了 21 次"夜总会"——从晚上 8 点到 12 点，有几次还开到了夜里 1 点。

"被绑架"后的执着

在泡小被感染后，我对"疯狂"的话题产生了极大的兴趣。于是，刚散会就立刻残忍地抓住累得快要晕倒、声音沙哑却还是满脸兴奋的杨校长（她同时担任成都青羊区教育局副局长），请她给我"讲故事"。

下面就是故事的开头——"被绑架"。

2002年6月30日——我上任（担任泡小校长）的前一天晚上，某班30多个家长把我"绑架"到学校附近的一个茶楼，拿着他们收集的一摞证据材料，强烈要求换班主任，不换就不让我走。迫于家长的强大压力，我只好答应了他们。那天我被"放"出茶楼时，已是7月1日凌晨。好一个"开门红"啊！从此，我就下定决心做好一件事——建立和谐的家校关系。这一做就是八年！

正讲着，杨校长的手机响了，是刚刚在台上的那位沈妈妈发来的一条短信：

泡小像一个强大的磁场，吸引着"泡爸""泡妈"们投身进来，被"洗脑"、被感动。感谢有您做我们的领路人！与您同行，我们很幸福！今天我抢不到更多的发言机会，意犹未尽啊！我还想更"疯狂"点，把我的科研方向转为关注青少年体质健康，与学校共同探索如何在现有的师资和场地条件下，改善学生体质。昨晚我因紧张而失眠，今夜将因兴奋而无眠！

杨校长把这条短信转发给我，边发边说："我的手机里还存着很多家长发来的这样的短信呢！"

看着八年前"被绑架"的杨校长此刻那享受的样子，我只说了一句："真为你高兴！"

"三大宣言"

在教师、学生、家长的共同参与下，泡小形成了凝结着大家对家校共育理性认知和情感认同的"三大宣言"——《学生宣言》《爸爸妈妈宣言》和《教师宣言》。《爸爸妈妈宣言》摘录——

我是泡爸，我爱我的孩子，爱是尊重、理解、接纳与分享；
我是泡妈，我爱我的孩子，爱是赞扬、关爱、宽容与陪伴。

我是泡爸，我选择泡小，尊重、理解、信任、支持家校共育；

我是泡妈，我喜欢泡小，沟通、交流、合作、参与家校共育。

……

"六大范式"

用周英校长的话说，现在，泡小的家校共育已经形成很多"套路"、很多规范。比如，他们总结了"六大范式"：六年一贯的互动式家长开放日范式；每月一次的"家长讲坛"范式；周末亲子活动范式；基于网络平台的"教育场"范式（包括学校门户网、班级网、班级论坛、学生评价网、教师博客、学生博客、班级博客等，仅门户网站，家长的回帖就近三万条）；多元化的家校沟通范式；搭建家校"心灵"平台范式（如"亲子教育工作坊"家庭教育讲座、"阳光心智训练营"等）。

"六大范式"中又包括若干个"小范式"。比如：他们在分年级调查、分析学生和家长的需求后（如针对五年级学生叛逆性日趋突出、亲子沟通困难的情况，他们设计了一份调查表，让孩子们分别说出最喜欢和最不喜欢家长说的五句话、最喜欢和最不喜欢家长对我的五种行为），与家长一起计划整个小学阶段成系列的家长开放日活动。因此，在六年一贯的互动式家长开放日这一"大范式"下，又包括六个"小范式"（一年级：新生入队仪式；二年级：儿童阅读推广；三年级：泡泡成长纪录片及亲子运动会；四年级：综合实践课开放活动；五年级：亲子沟通；六年级：毕业典礼）。这样，活动主题、内容、形式、流程和时间相对固定，便于操作。每学期的具体活动方案（具体到周）都由校领导、教师、家长共同制定，每次活动都有反馈。

此外，有关家校共育的常规工作也都有所遵循。如学校与家委会共同制定的《泡桐树小学家委会章程》规范了家长参与学校教育的权利和义务，保障了家长的合理建议有畅通的反映渠道。近几年，家长的很多建议都被学校采纳，如废除家长签字制度、严格控制书面作业量等。每年新生入学,学生工作部(该部代表学校与家委会进行联系、指导工作)都进行家长资源调查,并分类存档……这样制度化、组织化、规范化的管理,使家校共育减少了随意性,保证了它的可持续发展。

亲情文化:"泡小一家亲"

在记者看来,八年酿得的浓浓的亲情文化是泡小最无价的珍宝。很难想象,一个有着共同姓氏、由几千上万个大人孩子组成的温馨和谐的一家,该有多么强大的教育力量!

因为是一家,所以他们选择共同担当。学校在推进家校共育中首先放下架子,诚邀家长共担教育责任,视家长为同盟者,而非单纯的支持者和配合者。这样,家长即作为主体,全面、深度参与学校教育;家校无缝衔接,共画爱的同心圆。

因为是一家,所以他们可以"毫无顾忌地交谈"。一位专家有言:"现在,大多数学校的家长在学校面前很难打开他们的心灵。什么时候教师和家长能够毫无顾忌地交谈,什么时候教育才能获得最大的凝聚效应。"在泡小,家校间并非毫无矛盾,但因为是一家人,所以大家可以实话实说、真诚理解;遇到换老师等棘手问题,家委会也能迅速"摆平"。

因为是一家,所以他们彼此亲近、相互心疼。几年的"并肩作战",使很多家长和老师都成了好朋友,"妈妈老师"理解"老师妈妈"的事儿数不胜数。很多次活动后,家长在被感动、被震撼的同时,也无不表现出对学校的信赖、对老师的深情。有家长在活动反馈表"对教师的建议"一栏中写道:"建议学校一定给教师减压,我们已经很满意了!教师需要改进的就是抽时间照顾自己的家人,爱惜自己的身体。"在一次三年级家长开放日上,一个孩子看完泡泡成长纪录片后说:"老师妈妈,为了给我们做短片,您加了好多班,我发现您都瘦了!"家长感言:"听着孩子们发自内心地称呼'老师妈妈',我们还有什么不放心的?""这是最棒的'贺岁片',它带给我们的感动无以言表。"

这家人般暖暖的关怀、浓浓的情意使泡小老师们"累并幸福着"。他们说：有这么可爱的孩子和家长，我们觉得付出多少都值得！

故事还在继续，"疯狂"还在继续。

这"疯狂"使"泡娃"们的童年丰满而幸运：他们"独生"但不缺少玩伴；在与小伙伴亲亲亲密却也磕磕碰碰中，他们获得了角色变换的体验，增强了适应社会的能力。更重要的是，在他们成长最关键的时期，父母、老师等"重要他人"之间真诚相待，相契相谐，气聚力合，这使他们的生活之"场"因和谐而绚烂。

这"疯狂"与泡小"教育在我们之上"的信念相吻，与"泡师""假如我是孩子、假如是我的孩子"的追问相合，因之闪烁着价值与神圣的光芒。

因了这一切，我愿为这"疯狂"献上最崇高、最真诚的敬礼！

（原载《中小学管理》，2010 年第 9 期）

/做出校庆的"意义"/

——清华大学附属小学百年校庆随感

2015 年 10 月 17 日，清华大学附属小学（以下简称"附小"）百年校庆隆重启幕。这是作为一名"老记"的我所见过的最丰满、最震撼的校庆之一。那一连串极具设计感的"大戏""好戏"，既是自然的，也是自觉的。从中，我们不难看出附小人对校庆之"意义"的追寻与体认。

如同好的课堂一定会留下好的"问号"一样，好的校庆也一定会沉淀出若干有价值的"问题"——如何让校庆超越表面的光鲜而变得深刻？如何重新认识校庆独有的教育功能？如何真正做出校庆的"意义"？……

附小人的精彩作答，值得我们悉心品味。限于篇幅，我只想用三个"很重要"来表达我个人的点滴随感。

一、"定位"很重要："教育与洗礼、省行与展望"——从"根"的层面，深度挖掘"家史"中的精神蕴藏

校庆，需要我们想清楚了再做，而非为做而做。因此，定位很重要。附小校长窦桂梅说："我们正是在对本校历史的梳理中，完成作为一个附小人的精神皈依，寻找到我们前行的航标和远方的灯塔。为此，百年附小的系列活动不是热闹的庆典，而是教育与洗礼、省行与展望。""我们的设计始终基于这样一个信念与定位：百年校史是深沉

的教育，是庄严的洗礼。"

要在"教育"与"洗礼"上做文章，首先要深悟历史对我们的意义。正如一位学者所言：我们之所以是我们，是因为我们有历史；一个事物的发端，对于这个事物具有发生学上的意义，它是开端，也是事物发展的根基；在精神文化领域，那些作为源头的东西，永远规定着精神文化发展的方向，具有永恒的价值，它是抵御外力侵害的最深层、最根本的能量。

正是基于对校庆所要彰显的"历史感"的看重，附小人对自己的百年"家史"敬畏、珍爱有加：五年前，窦桂梅任校长后给自己布置的第一份作业，就是阅读校史、梳理校史——自己读，并带着师生读，努力挖掘百年附小的精神蕴藏。在这个"寻根之旅"中，他们找到了不少"好东西"（如附小在中国基础教育发展史上的多个"第一"），并尝试将它们一点点"串"起来。他们还想方设法找"人"（一届届校友）、找"物"（老照片、老物件、老故居等），建立了档案库、资料库、老照片库，三万多校友一一入册……难怪窦校长说，其实，百年校庆从五年前她做校长时就开始启动了。

阅读与梳理历史的过程就是被教育与被洗礼的过程；在百年校庆时，将这一过程通过多种载体呈现与记录下来，也具有别样的意义。在附小，这些载体除了笔者在后面将要谈到的"百年校史剧"外，还有"百年人物"和"百年成长系列丛书"等。

"百年人物"形象片《讲述那过去的事情》选取了十余位耄耋之年的老校友以及一些教师代表，让他们真情讲述那一个个鲜活的人物和难忘的故事。其中，顾蔚云老校长的故事尤其感人。"一个在附小当了21年校长，终身没有子女、没有家庭、没有多少开销的校长，去世后留下的存款只有一万多元……"正如这部形象片的宣传语所言，"每一位校友都是学校的'非物质文化遗产'"，学校百年立人的点点滴滴都值得后人倍加珍惜。"百年成长系列丛书"共三套，其中"百年校史丛书"中的《从成志学校到成志教育——百年清华附小的育人历程》最为厚重。它通过再现附小在不同阶段的历史担当、家国情怀和教育使命，充分展现出百年附小的卓尔不群。

窦桂梅说，她始终相信"方向比方法更重要"。正是在这个意义上，我们说：定位决定了"做"的品位。

二、"价值"很重要：从"成志学校"到"成志教育"——萃取历史精华，承继文化血脉

对一所学校而言，有意义的校史从来都不是时间的自然延展，也不是事件的简单叠加。我们需要做的是借校庆之机，对校史进行教育学视野下的深度研究，进而在历史中寻找组织的文化基因，承继组织的精神血脉。这要求我们不仅要研读、梳理、呈现真实的历史，更要萃取其精华，找到其内核与灵魂，即核心价值。这个价值，即"这一所"学校赖以存在与发展的稳定的精神力量。

因此可以说，校庆是我们发现、彰显、强化学校核心价值观，增强组织内部文化认同的绝好契机；其所有的活动，既是一种成果展示，更应是一种价值宣示——什么为我们所自豪，什么为我们所不耻；什么应该执着坚守，什么应该坚决唾弃。

恰恰是出于对"价值"的关注，附小在百年校庆时，从底蕴丰厚的历史画面与卷帙浩繁的校史故事中，抽取出内涵丰富的两个大字——"成志"，首次提出"成志教育"的价值主张，并对其内涵作出解读。在我看来，这是附小百年校庆最重要的成果之一。

清华附小的前身是1915年创办的成志学校，从它的校名即可看出，"成志"从一开始就深深地融入附小人的血脉。它强调"首在立人，人立而后凡事举""有志者事竟成"；倡导"立人为本、成志于学"；主张将个人的命运与国家和民族的命运紧密相连；要求学子"承志—立志—弘志"，实现从"兴趣"到"志趣"再到"志向"的转变。在对"成志"的不懈追求中，附小在中国百年来的基础教育发展史上始终发挥着"三个引领"的作用，即价值观塑造的引领、课程的引领以及公益服务的引领。这既体现出百年附小的中国意义，也映照出

"成志"之内涵的丰厚与大气。诚如窦校长所言:"成志",既是精神与思想,又是教育过程与结果;它彰显着无数清华人行胜于言的精神风骨,寄托着无数教育者薪火相传的祈愿,承载着无数中国人不屈不挠的庄严使命。

我想,好的校庆一定能将"观照历史,反思现在,瞻望未来"统一起来,在昨天、今天与明天之间自然而又有逻辑地"穿越"。这种"逻辑",便是一所学校稳定的价值追求。

三、"形式"很重要:"百年校史剧"等活动——寻找与目标定位相匹配的、高情境化与高体验性的呈现方式

清晰的定位,可以有效地保障校庆的多项活动在目标与内容指向上的一致性;同时,设计校庆活动时,如何才能找到与目标定位相匹配的呈现方式,将历史变成"我们的""活着的"教材,也同样考验着学校管理者的智慧。

此次附小百年校庆最有创意、最吸引眼球的亮点之一,即"百年校史剧"《丁香花开》。

它以"成志教育"为主题,分五个篇章,分别体现了"立人为本,成志于学""刚毅坚卓,自强不息""敬业博爱,厚德载物""完整人格,家国情怀""百年成志,走向未来"等主题。短短100分钟,浓缩了附小人与家国共命运的百年奋斗史。剧中所有演员都是由师生和校友担任的,上至西南联大时期的耄耋校友,下至乳牙未脱的在校学生;台上参演者达1247人次,台下前几排亦为学生歌队,台上台下皆是舞台。

戏剧课程,是附小基于培养学生核心素养的"1+X课程"五大领域中"艺术与审美"领域的核心课程,也是"超学科整合"课程的重要载体。以戏剧课程的方式呈现百年校史,是附小探索以美育为路径、渗透爱国爱校教育的一次成功尝试。它使校史成为孩子们可以亲近、可以触摸、有体温的活教材,而不只是摆在橱窗里的文物和照片。窦

校长在谈到选择校史剧这一呈现方式时说：戏剧构建了儿童的"第二重生活"，给孩子们提供了表达的空间，使他们融入历史，接受洗礼，并生成新的人文积淀。

在剧中，孩子们会经历把"我"变成"他"，而后又回到"我"的多重转换的过程，这一过程对其发展是极有意义的。我相信，经过理解剧情—艰苦排练—盛大公演，孩子们会回到一个"不一样的我"；这一经历也一定会成为他们终生难忘的"关键事件"。9月17日，在附小为百年校庆举办的新闻发布会上，我和许多同仁就已被提前"剧透"的校史剧中的一个小片段深深感动。看着短短几分钟即已深度"入戏"、退场后仍在不住抽泣的男孩女孩们，我很感慨，因为这样的画面在今天是那样的稀缺！这不禁让人叹问：在如今安逸享受的环境下，对孩子们而言，还有什么故事真的具有打到心底、撼动人心的力量？还有什么体验可以让他们为屈辱、为苦难、为悲壮、为正义、为崇高、为至善、为纯粹而泪流满面？还有什么情境可以让他们实实在在地感受到什么是家国情怀，什么是自强不息、厚德载物？还有什么经历可以让他们获得触及内里的高峰体验？所以，我想由衷地为附小所设计的高情境化、高体验性的校庆活动形式而点赞！

除了校史剧，一年前即已启动、全体学生参与的"我为清华附小创意""我为清华附小代言"等活动，以及"百年校友"（5000余位著名校友走进校园，与当下学子结对交流）、"百年画卷"、"百年新人"（为十对新婚教师举行集体婚礼、为新百年诞生的附小教师的宝宝庆生）等活动也都形式新颖、充满创意、饱含温情。

最后我想说，做出校庆的"意义"，校庆才有意义！

（原载《中小学管理》，2015年第11期）

/ 有"根"的德育 /

——对河北衡水中学德育实效性的解读

在潮水般涌入衡水中学（以下简称衡中）的人群中，不知有多少人是抱着寻找绝招、复制奇迹的心态而来，但是我确信，教育没有神话，衡中所有的"好"都是自然朴实、有"本"有"根"的。这个"根"，让衡中的校园、衡中的师生有了可以识别的特质，也让困扰大家多年的有关德育实效性的难题获得了一个既简单又复杂的"解"。

一位多年参与中小学教育评估的专家说："在学校教育中，越是重要的越是不易测量，越是易于测量的却越不太重要。这是一个有趣却不幸的悖论。"这话颇有些道理。不过，我们也不必过于悲哀，因为那些难以用"尺"度量的东西，其实是不难用"心"测量的。而且，其测量结果往往比行政性评估更有效力。

我相信，每一个到过衡中的人，都会被弥漫在整个校园中的一种看不见却分明可以触摸的东西感染。它无法量化，但可以感知；它无形无声，却有着撼动人心的力量。它，就是衡中特有的一种"精神"、一种"生态"。

正是这"精神"、这"生态"，使衡中的德育成为一种深入骨髓的浸润，一种触动灵魂的体悟；也正是这"精神"、这"生态"，使衡中的学生在精神发育最关键的时期，获得了最丰富的营养，找到了自我发展的动力之源。

在衡中，德育始终是在追问与解答"教育究竟是为了什么"的意义上以全时全景的方式展开的。它诠释着衡中师生对教育的全部理解与期待，也展示着衡中生活所独有的品位与风采。

那就让我们走进他们的家园、他们的生活，用心体会什么是实实在在的德育吧！

激情燃烧的"精神特区"

衡中的核心理念：学校应是一个"精神特区"；生存理念：将校园打造成激情燃烧的乐园。在衡中人眼中，"精神特区""激情燃烧"关乎发展、关乎质量、关乎生存！

"学校应成为一片道德净土，一个'精神特区'。在这个圣洁的环境中，教师以精神境界的提升摆脱功利的羁绊，用充满爱心和责任感的言行，潜移默化的感染，影响学生的精神生活，唤醒学生的生命感和价值感，进而让其体验学习之乐趣、成长之幸福、生命之意义。""教师像一团燃烧的火，学生像一团火在燃烧。激情是燃烧的梦想，是心灵的脉动，是一笔宝贵的财富，是一种不可遏制的力量。创造一种激情四射的氛围，激活师生的潜能，激发师生的生命活力，提升师生的生命价值，是我们矢志不渝的执着追求。"这些话写在展板上，也写在衡中人的心中。他们以自己的努力，为革命英雄主义、理想主义的现代价值作了最好的注解。

激情需要唤醒，需要激发，需要培育，需要组织设计的强化，需要人与人之间的"传染"。在这方面，衡中的管理者从不吝惜精力与时间。每年，学校着力打造的系列精品活动达 60 余项。在他们看来，通过震撼人心的活动实现真正的价值引导，使学生远离自私、功利、麻木、困顿、世故等本不该属于孩子们的东西，是德育之本，是教育之要义，也是教育者最根本的责任。

下面仅举几例——

▲ 80 里远足荡气回肠

从 1997 年开始，每年五一前夕，衡中都要组织高一学生进行 80 里远足活动。学生们打着红旗、喊着口号，虽然两腿酸痛、脚底打泡，有的较胖的孩子大腿内侧都被磨破了，但是他们互相搀扶着，互相激励着，"流血流汗不流泪，掉皮掉肉不掉队"。

虽然这是一个"保留项目"，但学校每年在设计上都有所创新。2008 年，他们设计制作了远足活动纪念章、《80 里远足活动纪念画册》《80 里远足活动学生感言集》，发给参与远足的师生作为永久性的纪念。由本校教师作词作曲并演唱的《远足之歌》更是一路激励着孩子们战胜自我、奋力前行。歌中写道："背起行囊，载着梦想，我们快乐起航。号角响亮，激情绽放，青春脚步不可阻挡。一路欢歌，旗帜飘扬，阳光中分享泥土芬芳。亲吻绿色，放飞希望，征程中我们历练成钢。"

正如张文茂校长所言："远足是一种富有生命力的活动。"它带给学生的是一生的记忆和深刻的感悟。287 班霍美琪说："走完全程，我不禁喜极而泣，我为自己自豪，为衡中自豪……这次远足活动告诉我们：只要坚持下去，成功就离自己不远！"303 班王晓宇写道："虽然上天没有赐予我们钢铁般的躯体，但远足却锻造了我们钢铁般的意志。今后，将没有任何事能阻挡我们完成自己的使命……这一资本会使我们终生受益。"

▲ 成人仪式终生难忘

衡中每年组织 18 岁成人仪式时，市领导、众多的家长都来参加，主席台上写有"让青春在责任中闪光"的标语。仪式在国歌声中开始。先由市领导讲话，校长、年级主任和家长代表分别送上热情洋溢的贺词。随后，在乐曲《圣洁的时刻》的伴奏下，1600 多名高二学生踏上红地毯铺就的甬道，走到老师、家长面前，由各级领导、家长和老师为其戴成人帽，学生向师长躬行拜谢礼，然后庄严地通过写有"迈入成人门，走好人生路"字样的成人门。现场气氛庄严隆重，温馨感人。此后，学校领导向同学们颁发成人节礼物——《中华人民共和国宪法》、一枚"成人纪念章"及一块"成人蛋糕"。"成人蛋糕"盒的正面写着"权利、义务、责任",侧面写着"向着目标奋进,带着责任起飞"。最后,全体学生面向国旗宣誓。仪式结束后,各班召开主题班会——"怎样迈好成人第一步"。学生们读父母写来的信,将自己对未来的憧憬写在纸上,装入许愿瓶,相约将来一同开启……

▲ 师生宣誓撼天动地

衡中教师教育教学荣辱观、衡中教师誓词、衡中学生誓词、十八岁成人宣誓誓词等,无不彰明衡中人行动的纲领。每学期开学后,第一次全体教职工大会的最后一项议程是教职工宣誓。每学年开学典礼的最后一项议程是全体学生宣誓,几千名学生的宣誓声响彻云霄——"我是一名衡中人,我庄严宣誓:恪守追求卓越的校训,牢记师长的嘱托,严守学校纪律。学习是我的天职,报国是我的志向。用汗水浇灌学业,用心血赢得智慧,用激情塑造自我,用坚韧挑战极限,用信念铸就辉煌。我行,我能行,我一定行!"

每个班都有自己的誓词,并且根据班情定期更换内容。尤其是高三年级进入下半学年后,各班每天都会宣誓。步入高三教学楼内,你会听到各班的宣誓声此起彼伏,如春雷,似号角,震撼人心。

在衡中,"打造激情燃烧的乐园"既是学校的生存理念,也是班主任带班的不懈追求。

全国优秀教师、特级教师王文霞从教24年,19年任班主任,所带班级四次被评为省市先进班集体;在衡中工作八年,先后培养出四名衡水市文理科状元,2005年、2008年,所教班级共有28人考入北大、清华。有老师问她:你是如何打造一个优秀团队的?她的回答是:点燃激情,成就梦想!

首先,她注意目标引领。她相信,远大的目标能够使人产生激情、唤醒人的内在动力。她要求每个学生都要树立这样的信念:"我是最优秀的,我能成为最优秀的。"她教过的每个班都有由学生自己创作设计的班旗、班歌、班训、班级目标,每个宿舍都有舍训和宿舍目标。如303班的班旗:"激情303"(红底,飞翔的白鸽,"激情303"几个大字）；班歌:《超越梦想》；班训:"303班，霸气冲天，团结奋战，清华同班"。611宿舍舍训:"破釜沉舟志，气凌九重天，愿将腰下剑，直为斩楼兰"；奋斗目标:"03翘楚，高三头龙"。每天跑操时，学生轮流喊班训、舍训；家长会时，全班齐唱班歌，感动得家长直流眼泪。

在目标的激励下，学生分秒必争。中午12:00多，王老师必做的一件事就是从教室里把学生往外撵，让他们去就餐、休息。2005年高考，她所教的三名学生并列衡水市理科状元，其中的田顺庆高一入学时成绩并不理想，是以自费生身份上的衡中，高考结束后他对王老师说:"其实我的基础并不占优势，但是处在一个充满激情、充满斗志的班级中，你就不会停下来。"

其次，她注意让学生通过活动体验升华激情。每个学期，她带的班都要举行"为中华之崛起而读书"的演讲活动。王老师认为:"学生只有树立了胸怀祖国、忧国忧民的远大抱负，其学习的内驱力才能持久、强大。"为激发学生的爱国情感，她带的班每次班会前都要唱国歌，学生对国旗、国歌充满神圣的感情。现在，她的学生看新闻时只要电视里国歌声响起，就会自动起立唱国歌。

像王文霞一样，全国模范教师、全国中小学模范班主任郗会锁也致力于建设班级激情文化。在他的班上，有一首激情飞扬的班歌"我们走在大路上":"我们走在大路上，意气风发斗志昂扬，衡中精神激励我们前进，追求卓越争创辉煌。向前进向前进，282班茁壮成长，向前进向前进，迎着灿烂的阳光。"临近高考，一首《水调歌头 高考明志》激励着同学们迎接挑战:"久有凌云志，此志可问天，心慕象牙高塔，魂绕梦亦牵。百万学子竞渡，扁扁小舟几叶，风急浪无边。遂了心中愿，何惜衣带宽。胜还勇，败更坚，是好汉。一十二年将去，弹指一挥间。可上清华揽月，可到北大摘星，尽在行动间。世上无难事，只要肯登攀。"

这样的班级、这样的例子在衡中真的难以历数。

在激情燃烧的"精神特区"，师生们时时感受到一种积聚在内心的无形而强大的力量，于是便有了在外人看来很难理解的"自讨苦吃"，也便有了这样的句式："想不……都不行"：教师，想不让他干都不行；学生，想不让他学都不行。

也许，这就是衡中人将"打造激情燃烧的乐园"提升到生存层面来认识所必然产生的一种效力吧！

魅力四射的"重要他人"

什么是魅力？它能产生多大的能量？一位来自安徽的老教师在参观衡中后对此作了精辟的解答："从'魅'字的结构看，魅力是一种连鬼都未知的力量。"两次走进衡中，所闻所见，使我深深地为生活在这里的孩子们感到幸运，因为他们在人的精神成长最需要获得支撑的时期，能够与那些对自己而言最具积极影响力的"重要他人"相遇相伴，在"身边人"那里最真切地感受什么是人之魅力。

对于学生们来说，大学毕业仅四年却已送走两届毕业班的李军燕老师就是这样一个充满魅力的"重要他人"。她带的第一个毕业班成为全校唯一的省级先进班集体。2007年，她接手了全年级最令人头疼的284班。第一次进班，学生眼里满是怀疑和挑战。当时，她就暗下决心：给我两个月，我定叫284焕然一新！她没有忙于定制度、整纪律，而是搞了几项活动，其中一项是长跑。全班70人，一列纵队，首尾相连，绕操场跑圈。原则很简单：竭尽全力地坚持，退出者即失败者。壮观的一幕上演了：一圈、两圈……九圈、十圈，李老师作为为数不多的坚持者仍然奔跑着。受她的感染，一个、两个、三个，稍做休息的同学又加入奔跑的行列。这时她看到有个别学生流泪了，她听到"老班（对班主任的昵称）加油、84加油"的声音响彻校园。那天以后，"成功，绝不轻易走入失败者的行列"成为284人的信条。"班级大比拼"是和兄弟班的一场综合较量，其中一项是班主任才艺比赛。对方的班主任是校园歌星，可李军燕吹拉弹唱样样不通，怎么办？要强的她最后找来一段长达600多字的绕口令，暗地里苦练，生把它背得没有丝毫卡壳，最终赢了个漂漂亮亮！"打那儿以后，我在学生心目中的形象迅速从一米五八上升到一米八八，我的名言'事儿都是人干的'也在学生心里安营扎寨了！"李老师自豪地说。运动会上，她报了4×100米接力，准备大显身手，可临上阵鞋带断了，她索性光着脚冲上跑道。284班再次沸腾了！第二天，班上的黑板报更换成一幅漫画——一双飞奔的赤脚。她不惜一切代价争取胜利的精神点燃了学生心中尘封已久的自信与追求，她用行动告诫学生：没有胜利就没有生存！学生给她的评语是："您为我们主演了一部电影，叫'执着'。您从不放弃一个学生，我们也不会放弃一个机会。跟着您，没白学一回！"

初当班主任时，李老师特别爱发脾气。为了自控，她在讲台上用毛笔写了几个字："顾客是上帝，学生是朋友，一切都好办。"她还选了两位学生做自己的情绪控制员。一个月下来，"火"灭得差不多了，而让她感到更欣慰的是，学生们也在学着控制与战胜自己。一位学生在周记上写道："那天，同桌不小心把蓝墨水弄到我刚买的名牌T恤衫上，当时我恨不得狠狠揍他一顿，可突然想到，您发脾气时都提醒自己要冷静，是朋友，一切都好办。我饶了他。这几天同桌对我很好，我们的关系更'铁'了，这还得感谢您啊。"

李老师说，她相信一位教育家的名言：没有任何教育力量比学生眼中的你更具有震撼力。是啊，一位已毕业的学生给自己当年的班主任写信说："老师，我想把您当作牧师——我的牧师！无论是仪表、品位，还是气质、内涵，您在我心中都是完美无缺的！"在衡中，这样的"牧师"不止一二。

一次，王文霞老师与学生一起参加80里远足。回忆起当时的情景，王老师说："最后十里路，我是一步步挨过来的，老师们劝我上车，我没有。因为我的学生没有一个掉队、上收容车的，我要给他们作出榜样。回班后，同学们给我热烈的掌声，我走上讲台，写下一句话：'路是靠自己一步步走下来的！'学生们回家了，可我却一步也迈不动了。一位老师用摩托车把我驮回家，我扶着楼梯挪进家门。爱人心疼地说：'你这是逞什么能呀？'"

王老师带的每个班在开学时都要搞一个班级宣誓活动，全体同学、班委、班主任分别宣誓。"爱生如子、率先垂范、拼搏奉献、志存高远"是王老师立下的誓言，"让学生因遇见我而感到幸运"是王老师执着的追求。也许理解了这两句话，我们也就多多少少理解了她的"逞能"。

除了"魅力之师"外，在衡中还有数不清的"魅力之生"，他们是离学生最近的榜样。在衡中第四届"十佳班长"竞选现场，记者得以领略这些榜样的独特风采。

384班班长是个瘦瘦高高的小伙子，他这样诠释"班长"："班长是一个班的灵魂、一个班的脊柱、一个班的旗帜、一个班的寄托、一个班的骄傲。班长是一块碑，一块无私的碑，它需要我们用自己燃烧的激情缕缕雕刻，用自己的赤诚肝胆笔笔勾勒。这就是衡中的'十佳班长'！""如果班级的进步需要班长的奉献，我会毫无保留；如果我个人的奉献能换得班级的凝聚，我将感到无上光荣，因为我有一个名字叫'班长'！"

349班班长是个长着娃娃脸、看上去有几分柔弱的小女孩，但她骨子里却有着女侠般的豪爽与霸气，人称"百变班长"。她在349班最困难的时候带领大家走出低谷。她说："有时我想，如果我不是班长，可能也会选择在风雨中第一个冲到伞下，或许也会那么爱哭。可是我是班长，是一个班的主心骨，是迎风而立的大树。我要对每个349班的人说：冲吧，冲吧，风雨再大，你们都有一个坚强的家！"

370班班长是个看起来成熟稳重的女生，她演讲时，台下的同学打出了一个让人感动的横幅——"班长，我们想说：你在爱就在！"有人问："你为什么能当九年的班长？"她说："因为我把爱变成了一种习惯、一种能力，我能让同学们真正信服我。"有人问："如果你的成绩在班里不是名列前茅，你还会当班长吗？"她说："会的，因为我相信，无坚不摧的精神比学习成绩更能征服人！"

……

在他们青春豪迈的演讲中，我听到了"使命""责任""担当""奉献""挚爱",听到了"崇高""壮美""高贵",也听到了90后的希望!

像"十佳班长"竞选这样以榜样引领为目的的评选活动在衡中达十五六项。"星级宿舍"评选就是其中的一项。在男生公寓208宿舍，门上贴着"舍名"——"俭朴寨",屋内挂着学生的书法作品："勤能补拙,俭以养德""由俭入奢易,由奢入俭难",旁边点缀着五颜六色的小纸鹤……这样有个性的宿舍在衡中比比皆是。

一些班还设立了自己的"星光大道",学生可以更真切地感受到身边榜样的力量。如郗会锁老师所带的班开展了"每周之星"评选活动。受"感动中国"的启发,郗老师每次都要给获奖者写颁奖辞并在颁奖仪式上宣读。"责任使你于一片沉默中毛遂自荐,责任使你在睡眼朦胧间提醒大家起床,责任使你在同学犯错之后给予安慰。不是所有的付出都波澜壮阔,但你所做的每一点滴都感动着大家……哪怕有群星闪耀,你依然以谦和的光让大家动容!"这是郗老师给一位获得"责任之星"的学生写的颁奖辞。

正如衡中的一位教师所言："魅力就是一种无形的教育力。"学生在重要时期、"重要他人"身上汲取的这种力量,毫无疑问会对他的生命历程产生持久而深刻的影响。

忠于使命的"专业队伍"

"2004年与衡中签约的那一刻,我找到了梦起飞的地方;2005年来衡中工作一周年,我发现自己悄悄地爱上了她;2006年决定要在衡水安家的那一刻,我对自己说,我要嫁给衡中!"一位年轻的班主任这样表达她对衡中的感情。这种感情源于"家"的温暖,也源于工作价值与自我价值实现高度统一而产生的职业幸福。

在衡中,教师生活中大大小小的事都受到学校的关注,无论是住房、职称、保险,还是家里安葬老人、维修水电、安装网络,学校都有专人帮他们操心。近几年,衡中招聘了上百位家在外地的大学生,学校责成工会为他们牵线搭桥，先后为 17 对新人举办了三届有市领导等贵宾参加的高规格的集体婚礼。2008 年 5 月，学校专门把举办集体婚礼的日子与校园开放日定在同一天，新人们得以享受来自全国各地一万多名同行的祝福……

这种生活中的关爱增强了教师对学校的归属感，而对教师，特别是那些担任班主任的教师来说，事业有奔头、价值可实现、才华能施展、辛苦得回报是这个"家"更吸引他们的地方。

在衡中的管理者看来，要提升德育的地位，首先必须提升德育的主力军——班主任的地位，给他们以特殊的待遇、特殊的机会、特殊的支持。

1998 年，郗会锁老师刚到衡中，学校就给他压了一副不轻的担子：当班主任兼任三个班的历史课。2001 年暑假，工作刚满三年的他因带班出色，又被学校委以重任：当高三年级主任。"我连做梦都没想到！我一个毛头小伙子带整个高三，能行吗？校长说：管理不在年龄，你就大胆地干吧！"结果，郗老师干出了勇气，干出了成绩，也相信了校长在全体教师会上说的那句话："咱们这里关系简单，不论资排辈，只要你干好工作，就会被认可、被尊重、被重用。"现在，还有比当年的郗老师更年轻的班主任被提拔到年级主任等重要岗位上工作。

在衡中，班主任专业发展的舞台十分宽广。近几年，学校共举办了十余次全国性的大型研讨会和 40 余次大型集中接待活动，先后把上百位年轻的班主任推到台上练兵。学校还推行班主任职级制度，开展"魅力班主任"评选、"十佳班会"评选等活动。这些为促进班主任专业发展而"定制"的活动与制度，表明衡中努力通过管理与评价对班主任实行积极的引导。比如：学校德育的主阵地——班会课在衡中始终受到特别关注。从主题的确定、教案的设计，到资源的选择、过程的安排，每节班会课都十分"讲究"，班会成为师生挥洒激情的舞台，成为学生最喜欢、教师引领作用发挥得最充分的课。考上南开大学的郑嵘给当年的班主任来信说："您的班会课对我们简直是一种奢侈品，那是我们一周中最快乐的时刻！"学校的"十佳班会"评选活动使班主任的这些精品"主课"有了展示的舞台，而过五关斩六将终获殊荣的班主任所受到的尊重与礼遇一点儿也不亚于学科赛课的获奖者。

组织的激励与肯定提升了班主任的地位和对职业价值的认同，来自学生的积极评价以及良好的师生互动则使这种认同内化为一种神圣的使命感。这种使命感，使班主任工作不再是一种"差事"，而是一种用情、用理的倾心投入。

为了使"迈好成人第一步"的主题班会达到更好的效果，信金焕老师请每位家长给孩子写一封信。可活动前晚，信老师发现有三位学生的家长没有把信寄来。为了不让孩子们失落，信老师以家长的名义连夜给这三个孩子各写了一封信。第二天，三个孩子看到"家长"的信都异常惊讶。刚读了几句，一位女同学的眼泪就刷地流了下来。过后，她给信老师写了一封信："您的信给了我太大的惊喜和感动。本来还为不能和其他同学一样接受父母的祝福而难过，甚至对没有文化的父母产生了怨恨，但看了您的信后，我感觉命运是公平的，我应该感谢我那虽然贫穷，但倾尽所有供我上学的爸爸妈妈，是他们给了我奋斗的机会和奋斗的理由……我本想收获一缕春风，而您却给了我整个春天！我能叫您一声'妈妈'吗？"

一位毕业多年的学生见到特级教师褚艳春时对她说："老师，我现在还留着您给我的一张字条。有一次考试我很失败，心情沮丧到极点，这时您塞给我一张字条，鼓励我。我一走出办公区，眼泪就下来了。您当时已经不教我了，却还惦记着我，我永远也不会忘记。"有一次，褚老师心情不大好，开班会时，同学们为她唱了一首歌："知道这些日子你要承担多少哀伤，才可以面对破碎的梦想，我相信那么多的关心总会带来希望，别忘了我们这里还有鱼，陪你一直到老。"听着这歌声，褚老师的眼睛湿润了。数不清的这样相互感动的画面使她觉得这辈子当老师实在太"值"！"我愿意在三尺讲台上一天一天老去。执一支粉笔，带两袖清风，站三尺讲台，育四方桃李，将是我永远不变的人生追求！"

衡中许许多多优秀班主任的成长经历告诉我们：在推进班主任专

业化的进程中，比"知识和能力"更为重要的是"情感态度价值观"，是班主任的"专业情意"，是他们对使命的忠诚。

在我看来，有实效的德育，是能够融入学生血脉、内化为学生品格和习惯的德育，是学生离校后经岁月遴选仍能被"留下来"的德育，是能够影响学生一生的德育。一位毕业生在给王文霞老师的信中自豪地说："您知道吗，在北大未名湖畔，每天早晨六点多，都有一群学生自动地组织在一起跑操，然后晨读。这成为未名湖畔一道亮丽的风景。这都是咱衡中的学生！"是啊，不管孩子们走了多远、飞了多高，学校、老师都会成为他一生成长中最深厚的"根"。衡中"追求卓越"的校训已融入学生的血肉，成为他们终生受用的一笔精神财富。

衡中德育的实效，源于衡中人对教育影响人的本质力量的解读与深掘。在他们那里，德育不再是一种"工作"，也不仅仅是具体的制度、"工程"与模式。所以，较之这些可以模仿的具象的东西而言，我们是不是应该更多地体会一下衡中德育之"根"呢？其中的道理很简单——

"根深"，才能"叶茂"！

（原载《中小学管理》，2009 年第 3 期）

/"好研究"成就"好老师"的校本成长 /

　　2006 年 1 月，在老师们的极力推荐下，没想过要做校长的曾丽红做了校长。

　　她接手的广东省广州市天河区体育东路小学（以下简称"体育东"）2001 年即被评为省一级学校，底子不错，但面临的挑战也很大。外部，在教育均衡发展的政策背景下，公立小学全部实行标准化配置，学校的先发优势不断减少；内部，学科发展不均衡，教师发展水平参差不齐，团队建设不理想，教学质量的优势不明显。这样的现实与家长们希望学校无弱科、无弱师，希望孩子进体育东比进一般校有更大的"附加值"的要求相距甚远。

　　曾丽红很清楚，抓住"均衡"与"优质"两个关键词，大面积提升全部学科和全体教师的质量，是解决一切问题的先导性条件。无论是从自己的成长经历、班子的优势（特别是副校长游彩云是省内外知名的特级教师），还是从教科研对个体和团队成长所独有的强大功能的角度考虑，"以研究成就教师"，进而"以教师成全学生"，都成为曾丽红带师理校的优选策略。

　　上任之初，有人问曾丽红："你们学校的'招牌'是游彩云，你能培养多少个游彩云？"她答："游彩云是唯一的，学校不可能有很多个游彩云，但我要努力让更多的人像游彩云那样成长！"

　　九年了，让更多的人像游彩云那样在研究中成长、成熟、成功，在体育东已成为看得见的现实，曾丽红的智慧选择以及体育东人艰难亦幸福的探索也昭示我们：对学校而言，"好研究"是成就"好老师"

校本成长的最适切、"最管用"的方式。

那么，体育东的"好研究"到底"好"在哪里？限于篇幅，我们仅从三个侧面来看——

一、以对教师发展潜能的积极假设为前提，用"好文化"滋养"好研究"，让教师在内向型的研究中"做最好的自己"

"好研究"是一种复杂的文化性存在，而非单纯的技术性存在。因此，学校领导者的价值取向、文化气质、思维方式，特别是其对"人"的理解深度，都会对教科研生态与品质产生深刻的影响。

曾丽红说过一句很朴素的话："一个校长是不是一个好的管理者，就看他能否激发每个人最好的那一面，使他向着最好的方向发展。"走进体育东你就会发现，以"相信每个人都是独特而优秀的"为前提，"激发每个人最好的那一面"，进而"让每个人做最好的自己"已成为最核心的观念。它给人以自信：只要自己跟自己比，每天进步一点点，我就是"最好的"；只要在人生的各个阶段活出自己应有的高度，我就是"最好的"。它也给人以境界："最好"是一种指向自我超越的永无止境的追求；而教育人的"最好"，最终是要在惠及他人、与人共赢的过程中实现的。

这种对人性，特别是对教师发展潜能的积极假设，蕴含了无限丰富的价值内涵。它从根本上规定了学校管理观念、人际关系、研究氛围乃至教科研组织模式的底色与基调，使"以研究成就教师"在具有强大正能量的文化支撑下得以实现。

与教师被工具化、教科研被功利化的"假研究"不同，在体育东，研究充满浓浓的"人本"色彩。"为了人"而研究，为了提升大家"做最好的自己"的能力而研究，使研究回归到它的本位价值，也使作为研究主体的教师尽享价值感与尊严感。

在学生时代就做过数任学生会主席的曾丽红在经历了种种波折后，早已将个人的名利看得很轻。她说："我40岁才做校长，只想用自己喜欢的方式，实实在在地做些好事。所以，从做校长那天起，我就没有主动申报过任何奖项。我什么都不要，只要大家在一起很开心，我就很舒服、很满足！"广州47中的龚书记对体育东多有了解，在谈到这位"迷恋他人成长"的校长时她说："曾校长没有那么多光环，她成功领导这所学校，靠的是人格、口碑；大家真心认同了，就会跟着她披荆斩棘。"孙颖副校长说："她真的就是一心一意要把这些老师扶起来。她的价值取向对我们影响很大，所有行政人员都不跟老师争荣誉。这样老师就会知道，领导做事不是为自己。"曾丽红也颇为动情地对我说："游彩云、孙颖等都是名师，他们倾尽心力地帮老师们发展，却从未对学校提出什么个人要求。他们给老师们的不仅是研究与教学的引领，更是为人处世的示范。"

在体育东这样风清气正的文化氛围下，研究得以真实地发生——

它越来越成为老师们指向内在自我的一种自觉追求。从"行政要求，带着研究"，到"喜欢研究，离不开研究"，再到"主动地、独立地做研究"，越来越多的老师走上了内向型研究之路。

学校相信内驱力的巨大能量，故而在管理中始终保持足够的弹性：强调教师在达到研究的基本目标即"胜任岗位"后，努力"做自己"，谋求自主发展与特色发展，追求自我超越；学校不提倡简单的竞争，少有硬性的指标和横向的比较，看重教师的自我增值；鼓励科组和教师，基于不同的起点，瞄准"最近发展区"，制定各自的发展目标。

以科组为基本单位的研究团队成为"人人为我，我为人人"的发展共同体，成为一支支不用扬鞭自奋蹄的"自动化部队"。大家少有杂念，始终专注于研究本身，专注于问题的解决，因此，彼此关系简单、清爽、纯粹、透明；种种的探讨和争论都显得格外真诚，过分的小心和客套都成为多余。

在体育东，我采访了21位干部教师。从他们的眼神、言语与泪水中，我似乎读懂了他们特别想让我读懂的那句话："在体育东遇到这么好的环境，是我们做老师的感到最幸福的事儿"——

游彩云（副校长）："不是某几个人发展了，学校就发展了。最重要的是学校有阳光、自由、大气、包容的文化环境。""我在徒弟的徒弟的课堂上看到了自己的影子，这种观念上的薪火相传，让我感到很欣慰。""对老师的公开课，我们不关注他是否丢了学校的面子，而是关注上课的过程，把评价变成研讨。所以老师不害怕上公开课。"

杨毅（语文科老师）："我刚来时收到过曾校的一条短信：'希望我们合作愉快。'我很吃惊，在我的概念中，校长都是命令老师干活的，哪里谈得上'合作'？"

李慧（语文科组长）："体育东的'场'很重要。评课时，如果优点鲜明，就不再讲优点，而是直指问题，大家已习惯于讲真话。"

温丽娟（语文新入职老师）："我来校一个学期，游校听过我三节课；评课时，她不作定性的评价，而是与我平等地讨论，比较几种处理方法的优劣。"

涂先钦（科学科老师）："我教书30年了，在贵族学校、薄弱学校都做过。我在体育东这八年，比之前20多年的机会、见识和成果还多得多。""我们学科三年搞了五个专题研究，一点点积累、固化，最终集结成一个课程。"

袁予湘（数学科组长）："我原来也在一所省一级学校工作，但同样是省一级，氛围却完全不同。刚来时，我跟着孙校做课题，现在我已经完成了自己的区级小课题，正在申报市级课题。"

黄妙辉（信息技术科组长）："我们科申请了区里唯一的信息技术教研基地。基地每年至少开放一次，老师们得以在区级层面上公开课、做讲座、建设学科教学资源。这大大加速了教师的成长。"

司徒敏（科学科老师）："别人问我，你教书十几年了，为什么还有激情？我觉得团队很重要，我们三个人的碰撞很重要！以前我在民办校，科学科就我一个人，很难发展。而在体育东，你有想法，就可以在团队的努力下实现。我教了12年，科组长比我还多教了八年，可她比我还有激情，我没理由倦怠。"

鲁亚利（语文科老师）："我才来一个学期，就见过好多老师流泪。

有一次开会，黄老师在谈到团队对他的支持时，说了还不到一分钟，就已泣不成声，男老师耶！刚才又看见曾校流泪，我在想，隐藏在她理性背后的很柔软的东西是什么？也许是生命与生命相互支撑所带来的感动吧！"

孙颖（副校长）："我坚持手把手地带老师。开始是带研讨课，帮他们一点点磨课；后来带他们申请区教研基地、做学科规划，慢慢地，科组长成长起来了；现在，带他们申报自己的课题，今年有七个申报市级课题呢，我逐一帮他们看申报书。"

我相信，有什么样的文化"场"，就有什么样的研究，就有什么样的教师成长。也许，这是体育东与不少同样喊着"科研兴校"的中小学最大的不同吧。

二、践行"科研、教研、教学、培训一盘棋"的行动理念，推进"科研常态化"，使"在研中做、在做中研"成为教师的职业生活方式

体育东追求科研、教研、教学、培训的"四位一体"，强调其"落点"与"指向"的一致性。他们以科研带动教研质量的提升，使二者高度融通；同时以研究服务教学，形成"教以研为基础，研以教为旨归，二者互助互促"的良好格局。这种全员全程、亦教亦研的行动本身就是最好的校本培训。

体育东实现研、教、训一盘棋的重要策略，即推进"科研常态化"：一是让研究深入常规教学的每个角落，二是让常规教学成为科研最鲜活的素材。具体做法：各科组围绕学校主课题，确定与教研息息相关且对教学具有引领性的研究专题，其研究展开过程可概括为"七部曲"：（1）常规性的个人专题备课。在常规备课中体现出对专题的思考，如许多数学教师选择在常规教案中增加与课题相关的"合作前自主学习支架的设计"，不断改进设计过程，即行动研究的过程。

（2）每周一次的专题集体备课。在备课中研讨，在研讨中备课。（3）专题课例观摩。课例观摩紧扣研究专题，执教者通过一节课表达自己对课题的思考，而后大家评课。很多策略都是在评课中提炼出来，而后推广的。（4）每月一次的专题交流会。主讲人介绍研究进展与困惑，与会者评价、质疑，并形成书面反馈意见。（5）适时的校本培训。针对大家的困惑，适时请专家进行分层培训。（6）每学期一次的专题研究开放日。打开校门，与区内外的教师及各方专家进行交流。（7）多维度评价。如建立"体育东路小学课堂学习评价表"，每学期组织一次"最有成效的研究评比活动"和学习能力测试活动等。

语文科组的引领课题是游彩云领衔的市规划课题"小学生互动阅读的有效性研究"。它直指每个老师每天都关注且迫切想解决的语文阅读教学的低效问题，这样的课题，大家愿意研究。通过上述"七部曲"，他们将研究专题贯穿在常规教研的始终，使教研活动有主题、有灵魂、有浓厚的"研究味"。大家兴奋点一致，彼此激发，互为资源。这样一个学期一个学期做下来，既形成了扎实的研究成果，更沉淀出一系列可直接用于教学改进的策略与方法。

除了上述常规研究内容外，学校还特别重视有利于培育学校特质的特色研究内容，如学生培优课程、学科能力测试、教师"练招"研修等。就拿"练招"研修来说，学校倡导教师将简单的招式练到极致，将专长变成"绝招"，定型后还可"变招"，最终发展到"无招胜有招"，形成个人独特的教学风格。

可贵的是，在体育东，这种教与研无缝衔接的"在研中做、在做中研"已成为教师常态化的职业生活方式，其表现形态远不止于上述"七部曲"。更常见的图景是：不受时空限制亦无专人组织的随时随地地"坐下来就琢磨"；将作业检查变为作业研讨（收集作业中的问题，集中研讨、改进）等"将问题变课题"的意识；"在后面的老师身上有前面老师的影子，而他又有自己的创新"的彼此依存与共进共赢……这样的"好常态"，才是最靠得住的"高质量"！

三、"好领导"成就"好研究"，领导是"在老师中间"，为老师打气、解困，提供精神支撑和专业支持，帮他们"做成""做好"的服务者

"好领导"是成就"好研究"的关键要素。曾丽红说："好领导"的重要标志之一即"在老师中间"——"何谓'在中间'？就是你是他们中的一员，你就坐在他们中间听他们说，从他们的角度思考，用适合他们的方式解决他们的问题。""有句话我很赞成，'校长的身在哪里，老师的心就在哪里'。平时，我尽可能挤时间参加教师的专业活动，有计划地到一些科组、级组蹲点。"蹲点时，曾丽红特别注意跟进暂时较弱或者发展困难较大的学科，"我跟老师们说，你们学科不行，不仅是你们的事，也是我的事，我要负首要责任，与你们共担风险和压力。我们一起来！"

"在老师中间"的曾丽红给自己的定位是：打气、解困、发现、传播、搭台……在做好服务中实现自己的领导力。

对那些有想法但缺条件的老师，她努力帮他们"做成"。钟慧英老师对基于语言实验室的绘本配音教学很感兴趣，可真的准备研究时她却发现，此为空白领域，完全无从下手。几次，她都想打退堂鼓。没想到，曾丽红特别鼓励她，不仅将语言实验室交给她试用，而且请游彩云帮她把语言关，请华南师大和省电教馆的两位专家为她做技术方面的指导。在三位专家的帮助下，她的课题成功申报省立项，其绘本配音课还获得全国互动教学比赛一等奖。现在，学校建起了绘本配音资源库，绘本配音课也从一个班推广到一个年级。对类似的老师，曾丽红常让他们"填单子"：你想发展什么、需要什么帮助，学校会有针对性地提供支持。

对那些遭遇"过不去"的困难的老师，她更是给予强大的精神支撑，做他们的坚强后盾。孙颖领衔的"小学数学协作建模学习研究"在初期曾有一位权威专家提出尖锐的否定意见，大家备受打击，科组的所有老师都委屈地哭了。孙颖说："会后我找曾校聊，她支持我们

继续做下去！有她做后盾，我心里就踏实。她劝我，我再劝老师。其实走过来以后觉得，有不同的声音，对我们来说是好事。这才是真研究！""按照曾校的建议，我们将专家的意见梳理出十几条，逐条分析，找出继续研究的改进点。"曾丽红说："我努力在专家与教师之间取得平衡：帮助老师找到专家合理的地方；与专家多次沟通，反复请他，让他真正了解、理解我们，进而帮助我们。"后来，这个课题成为省立项课题，还获得了广州市教学成果一等奖。

除了关键时扶一把，曾丽红他们平时做得最多的还是发现、激励和传播。曾丽红说："巡视或参加科组会议时只要发现好的做法，我们就马上表达，并在专题交流会等场合广而告之，请他们与大家分享。"这不仅帮助老师们建立了良好的自我概念——"我能行"，也在推广中放大了好经验的价值。在一次教研活动时，曾丽红发现美术科发明的"关键词评价法"很有意思，用几个关键词就把教学目标与对学生作品的要求关联起来，使学生的创作导向分明。于是，她就把这一方法介绍给同样经常要求学生创作作品的信息技术科，使其实现了成功迁移。

给平台，无论是对教师还是对学科都十分重要，而对平台的选择、利用则需要眼光和智慧。比如：近几年，学校积极申请区学科教研基地，在全区 13 个基地中，体育东有 6 个。曾丽红说："选择这个平台，是因为我们看中基地是依据科组科学管理的理论来构建其管理机制的；我们按照这个机制来推动，可以规范整个科组的研究过程。""我们借基地每学期都面向全区开放的机会，推动科组做持续性的专题研究；鼓励教师凭自己的实力，赢得在这个平台上课的机会，这对教师促进很大。"此外，学校还承担了多个国家级教育信息化研究实验项目，如"戴尔互联创未来"等，并承担相关的全国性培训任务。这些都为教师的专业发展提供了高端的平台。

最后，我们来看一下体育东如何在评价中彰显其管理主张。比如：关注优质均衡，倡导合作共赢。在实行严格的均衡分班的前提下，教学班责任保底：智力正常的学生 100% 合格、90% 以上优秀；不按班级成绩评价老师，而是评价、肯定备课团队，条件是：同一年级班与班平均成绩之差不超过三分。再如：关注"做自己"与"善合作"的情况。教师在达标后，拥有较大的专业自主空间。年终考核时，大家各自"晒"努力"做自己"的情况，然后由科组进行公开评价。评价时，注重"自己与自己比"，看重改进与创新、合作与分享。如本学期自己的提高点在哪里，分享了多少次，在帮扶上做了什么等。学校对科组的评价也注重纵向比较和特色发展，如评选达标科组、特色科组等。又如：注重专业发展水平。体育东没有把学生的考试成绩纳入对教师的职称岗位竞聘方案，而是加大了教师专业发展水平的权重（约30%）。

教师的发展支撑了学校的高位发展。近年，体育东获得全国以及省市级的多项荣誉，成为在广州市基础教育领域具有示范引领作用的优质学校。仅就教师的教学能力而言，在区域教学视导中，体育东教师上课的优良率达100%，优秀率达75%，远超平均水平。

体育东人以他们的创新实践为我们诠释了"好研究"的丰富内涵。"好研究"，是寄托了专业情怀、融入了职业理解的研究，是载满了价值感、生命感的研究。它不是冰冷的数据与抽象的论文，而是每天都可以触摸、实实在在、亦苦亦甜、可以为它哭为它笑的真实的专业生活本身。这样的"好研究"，必定会成就"好老师"的校本成长。

（原载《中小学管理》，2015 年第 8 期）